U0649369

悬臂浇筑

XUANBI JIAOZHU

施工质量
管　　理

SHIGONG ZHILIANG
GUANLI

曹景伟　王辉明　魏　俊　黄星亚◎主编

人民交通出版社
北 京

内 容 提 要

本书主要内容包括总则、引用标准规范、组织机构管理、技术工作管理、原材料管理、施工设备管理、施工工艺管理、质量通病预防、施工监控监测管理、试验检测管理、内业资料管理等。

本书可作为桥梁建设者工具书,供相关企业人员参考。

图书在版编目(CIP)数据

悬臂浇筑施工质量管理 / 曹景伟等主编. — 北京 :
人民交通出版社股份有限公司, 2025.9. — ISBN 978-7-
114-13862-1

Ⅰ. U448.43

中国国家版本馆 CIP 数据核字第 2025468ER1 号

书　　名:	悬臂浇筑施工质量管理
著 作 者:	曹景伟　王辉明　魏　俊　黄星亚
责任编辑:	杨　思
责任校对:	赵媛媛　魏佳宁
责任印制:	张　凯
出版发行:	人民交通出版社
地　　址:	(100011)北京市朝阳区安定门外外馆斜街 3 号
网　　址:	http://www.ccpcl.com.cn
销售电话:	(010)85285911
总 经 销:	人民交通出版社发行部
经　　销:	各地新华书店
印　　刷:	北京科印技术咨询服务有限公司数码印刷分部
开　　本:	787×1092　1/16
印　　张:	4.75
字　　数:	122 千
版　　次:	2025 年 9 月　第 1 版
印　　次:	2025 年 9 月　第 1 次印刷
书　　号:	ISBN 978-7-114-13862-1
定　　价:	68.00 元

《悬臂浇筑施工质量管理》
编审委员会

主　编：曹景伟　王辉明　魏　俊　黄星亚

参　编：徐方圆　李浩铭　陈莲冲　朱欣惠　张志强

　　　　马云飞　刘江武　鲍春钱　董泊宁　李俊炜

　　　　方子清　傅菁俊　王志毅　杨建宏　方舒涛

　　　　缪　杰　苏超云　赵建峰　胡俏文　张冰冰

　　　　方雨禾

主　审：彭旭民　周　卫　曹明明　黄　宇　位东升

序 言

　　一直以来，大跨度混凝土箱梁桥因易出现结构裂缝和长期下挠问题而备受业界关注。近年来，业界已从材料、结构设计及现场质量管控等方面做了诸多探索和改进，情况已有明显改善。其中，现场质量管控环节尤为重要。当下，对于如何做好混凝土箱梁桥悬臂浇筑施工的现场质量管控，公路桥梁建筑行业尚无专门的指导性规范或指南。本书的出版可在一定程度上填补这一空白，推动混凝土箱梁桥悬臂浇筑施工标准化的提升。

　　本书立足于交通运输部平安百年品质工程建设的新要求，以全过程质量管理理论为指导，依托浙江多个典型山区高速公路连续梁桥和刚构桥工程，系统梳理了大跨悬臂桥梁浇筑施工的质量管理控制要点。全书内容丰富，涵盖了悬臂浇筑施工质量管理的各个方面，包括组织机构管理、技术工作管理、原材料管理、施工设备管理、施工工艺管理、质量通病预防、施工监控监测管理、试验检测管理以及内业资料管理等9个方面内容，且每方面内容都详细阐述了相应的管理要点和操作规范，可为一线施工管理人员、监理、业主和行业监督人员提供较为系统、可操作性强的施工指南，从而有效提升悬臂浇筑施工桥梁质量通病防治水平，助力高品质工程建设。

　　本书的编写团队由多位理论基础深厚、实践经验丰富的专业技术人员组成。主编曹景伟、王辉明、魏俊、黄星亚等同志长期从事桥梁施工管理与技术研究工作，他们在悬臂浇筑施工质量管理方面积累了大量宝贵经验,参编及主审人员也均为公路桥梁建筑行业资深的专业技术人员。期待本书的出版为行业发展贡献浙江经验。

浙江省交通投资集团有限公司副总工程师 　方明山

2025 年 4 月于杭州

前 言

随着我国交通基础设施建设的蓬勃发展,桥梁工程正朝着大跨度、高精度、智能化的方向不断迈进。悬臂浇筑施工是大跨度桥梁常用的施工方法,其施工质量直接关系工程结构的安全性、耐久性及全寿命周期的经济性。然而,在实际工程中,由于地质条件复杂、环境因素干扰、施工工艺偏差等质量风险源的客观存在,加之施工人员技术水平参差不齐、管理流程标准化程度不高、管理存在缺陷等问题,使得悬臂浇筑施工质量管理面临着较为严峻的挑战。

本书立足于新时代桥梁工程建设需求,以全过程质量管理理论为指导,依托溧阳至宁德高速公路(G4102)景宁至文成段工程徐砻大桥(孔跨布置45m+80m+45m)、三插溪特大桥(孔跨布置110m+170m+110m)、富岙大桥(孔跨布置45m+80m+45m)、中林大桥(孔跨布置45m+80m+45m)、凤垟大桥(孔跨布置65m+120m+65m),溧阳至宁德高速公路(G4012)文成至泰顺段工程珊溪大桥(孔跨布置55m+4×100m+55m)、葛溪大桥(孔跨布置55m+100m+55m)、南山大桥(孔跨布置65m+120m+65m)等典型山区高速公路连续梁桥和刚构桥施工案例的实践经验,系统梳理悬臂浇筑施工的质量管理控制要点。编写过程中,编写组深入施工一线开展技术调研,收集整理日常施工质量管理原始资料,组织专家论证会,运用BIM技术构建了涵盖挂篮安装、模板定位、钢筋安装、混凝土浇筑、预应力张拉、混凝土养护等关键工序的数字化三维模型,以确保技术要点的科学性和可操作性,保证质量管理的精准性和可追溯性。

本书由曹景伟(浙江交投高速公路建设管理有限公司)、王辉明(浙江交工宏途交通建设有限公司)、魏俊(浙江交通职业技术学院)、黄星亚(浙江交工宏途交通建设有限公司)主编,徐方圆、李浩铭、陈莲冲、朱欣惠、张志强、马云飞、刘江武、鲍春钱、董泊宁、李俊炜、方子清、傅菁俊、王志毅、杨建宏、方舒涛、缪杰、苏超云、赵建峰、胡俏文、张冰冰、方雨禾等同志参与编写;审定时,各位专家提出了宝贵意见和建议,在此表示感谢!

期待本书能成为桥梁建设者案头常备的工具书,为提升我国悬臂浇筑施工质量管理的标准化、信息化贡献绵薄之力。

由于编者水平所限,虽经反复推敲,书中仍难免存在疏漏之处,敬请广大读者批评指正。

编　者
2025 年 4 月于杭州

目 录

1 总则 / 1

2 引用标准规范 / 3

3 组织机构管理 / 5

4 技术工作管理 / 7

5 原材料管理 / 9

6 施工设备管理 / 17

7 施工工艺管理 / 27

8 质量通病预防 / 43

9 施工监控监测管理 / 51

10 试验检测管理 / 55

11 内业资料管理 / 57

附录 / 59

1 总则

1.1　编制目的

为全面提升公路桥梁工程建设质量管理水平,切实保障工程品质,基于多年建设项目管理实践经验,系统总结悬臂浇筑施工各分项工程质量管理经验,编制形成系列施工质量管理丛书,以进一步规范质量管理行为,统一质量管理标准。本册《悬臂浇筑施工质量管理》的编制,旨在构建科学、系统的悬臂浇筑施工标准化管理体系,有效提升悬臂浇筑施工桥梁质量通病防治水平,推动公路桥梁工程建设品质迈上新台阶。

1.2　适用范围

本书适用于公路建设项目悬臂浇筑的连续梁桥及连续刚构桥施工质量管理。本书中相关内容如与现行法律法规、规范指南及行业相关规定等有不一致的,以后者规定的为准。

2 引用标准规范

(1)《公路桥涵施工技术规范》(JTG/T 3650—2020)

(2)《通用硅酸盐水泥》(GB 175—2023)

(3)《公路工程质量检验评定标准 第一册 土建工程》(JTG F80/1—2017)

(4)《建设用砂》(GB/T 14684—2022)

(5)《建设用卵石、碎石》(GB/T 14685—2022)

(6)《公路工程水泥及水泥混凝土试验规程》(JTG 3420—2020)

(7)《公路工程集料试验规程》(JTG 3432—2024)

(8)《预应力混凝土用钢丝》(GB/T 5223—2014)

(9)《预应力混凝土用钢绞线》(GB/T 5224—2023)

(10)《预应力混凝土用螺纹钢筋》(GB/T 20065—2016)

(11)《预应力筋用锚具、夹具和连接器》(GB/T 14370—2015)

(12)《预应力混凝土用金属波纹管》(JG/T 225—2020)

(13)《预应力混凝土桥梁用塑料波纹管》(JT/T 529—2016)

(14)《混凝土外加剂》(GB 8076—2008)

(15)《混凝土膨胀剂》(GB/T 23439—2017)

(16)《普通混凝土配合比设计规程》(JGJ 55—2011)

(17)《公路工程混凝土结构耐久性设计规范》(JTG/T 3310—2019)

(18)《桥梁悬臂浇筑施工技术标准》(CJJ/T 281—2018)

(19)《钢结构工程施工规范》(GB 50755—2012)

(20)《钢结构工程施工质量验收标准》(GB 50205—2020)

(21)《钢结构焊接规范》(GB 50661—2011)

3 组织机构管理

3.0.1　施工单位应成立以项目经理为组长的项目管理组织机构,并配备具有悬臂浇筑桥梁施工技术及管理经验的人员进驻现场,对悬臂浇筑桥梁施工质量进行全过程管理。项目经理部应建立健全的技术、质量、安全、环保体系,施工过程中实行动态管理制度,确保施工过程中四大体系运转正常。

3.0.2　监理单位应成立以总监理工程师为组长,总监办(驻地办)桥梁专业监理工程师为质量管理责任人,现场监理工程师为一线监理责任人的质量监督管理小组,在悬臂浇筑施工过程中对技术、质量、安全及环保体系进行监督管理。其中,重点对隐蔽工程、关键部位、关键工序的施工过程实施全过程旁站监督。

3.0.3　施工单位应建立健全自检、互检、交接检三检制度,确保悬臂浇筑施工过程中每道工序检验到位,保证工序规范、施工质量符合设计及规范要求。

3.0.4　施工单位应在项目部设立首席质量官岗位,并建立质量责任公示制度,全面负责悬臂浇筑施工各工序的质量控制与验收工作。应采用二维码信息化管理技术,系统采集以下质量信息:桥梁名称、节段编号、挂篮验收记录、钢筋加工与安装验收记录、预应力管道安装验收记录、模板安装验收记录、施工监控指令下发记录、混凝土浇筑时间、拆模时间、养护周期等关键质量控制信息,同时明确标注项目部、监理办及施工班组的质量管理责任人。上述信息应制作成统一格式的二维码标识牌,固定粘贴于施工现场主体结构的显著位置。

4 技术工作管理

4.0.1　施工前应熟悉设计文件,对结构设计尺寸和关键参数进行核对,由设计单位进行设计交底。

4.0.2　施工前应根据其结构形式、跨度及精度要求等编制施工测量方案,选定控制测量等级,确定测量方法。

4.0.3　施工前应由勘测设计单位对控制性桩点进行现场交桩,并应在复测原控制网的基础上,根据施工需要适当加密、优化,建立施工测量控制网。

4.0.4　对测量控制点,应编号绘于施工总平面图上,并应采取有效措施妥善保护。施工过程中,应对控制网(点)进行不定期的检测和定期复测,定期复测周期应不超过6个月。当对控制点的稳定性有疑问时,应及时进行局部或全面复测。测量控制点应同步提供给桥梁施工监控单位以便桥梁施工监控过程中共同使用。

4.0.5　施工测量所用的仪器、设备等应经法定计量机构检定和校验,合格后方可使用。测量平差计算时,应采用通过科技鉴定认证的专业软件。

4.0.6　施工过程的平面控制测量精度应符合现行《公路桥涵施工技术规范》(JTG/T 3650)的规定。

4.0.7　施工前应编制专项施工方案,并按照相关程序组织专家进行论证审查。修改完善后的专项施工方案经监理单位审批后报建设单位批准后实施。

4.0.8　应借助BIM技术运用,对悬臂浇筑从开始施工到结束进行全程可视化设计、分析模拟、碰撞检查等,建立三维可视模型图,厘清钢筋与预应力管道、预埋件之间的空间关系,自动检测施工冲突,减少因施工过程错误而造成的质量问题,提高施工效率和质量管理。

4.0.9　施工单位应建立健全的三级技术交底制度,根据技术交底程序,由项目技术负责人对施工单位桥梁技术人员、桥梁技术人员对班组长、班组长对现场作业人员进行三级技术、质量、安全及施工方案交底作业,确保现场应严格按照专项方案进行施工管理工作。

4.0.10　施工单位、监理单位管理人员要实时对现场施工方案落实情况进行检查,发现现场与施工方案不一致时,应及时暂停现场作业,查明原因后,如有必要,应重新组织对现场施工人员进行方案交底作业。

4.0.11　应建立班前交底、班中检查、班后总结的管理制度,确保现场施工始终同施工方案相一致。

5 原材料管理

5.1 钢筋

5.1.1 钢筋应具有出厂质量证明书和试验报告单,进场时,除应检查其外观和标志外,还应按不同的钢种、等级、牌号、规格及生产厂家分批抽取试样进行力学性能检验,检验试验方法应符合现行国家标准的规定。钢筋经检验合格后方可投入使用。

5.1.2 钢筋分批检验时,可由同一牌号、同一炉罐号、同一尺寸的钢筋进行组批,每批的质量应不大于 60t,超过 60t 的部分,每增加 40t(或不足 40t 的余数)应增加一个拉伸和一个弯曲试验试样;钢筋的进场检验亦可由同一牌号、同一冶炼方法、同一浇筑方法的不同炉罐号组成混合批进行,但各炉罐号的含碳量之差应不大于 0.02%,含锰量之差应不大于 0.15%。

5.1.3 钢筋应在钢筋加工中心集中进行加工,完成后配送至现场,在运输过程中应避免锈蚀、污染或被压弯;在工地存放时,应按不同品种、规格,分批分别堆置整齐,不得混杂,并应设立识别标志,存放的时间宜不超过 6 个月。存放场地应有防、排水设施,且钢筋不得直接置于地面,应垫高或堆置在台座(架)上,顶部应采用合适的材料予以覆盖,防止水浸和雨淋。在工程施工过程中,应采取适当的措施,防止钢筋产生锈蚀。对设置在结构或构件中的预留钢筋的外露部分,当外露时间较长且环境湿度较大时,应采取包裹、涂刷防锈材料或其他有效方式进行临时性防护。

5.1.4 钢筋的级别、种类和直径应按设计规定采用,当需要代换时,应得到设计单位同意。钢筋加工应按设计图纸进行加工,其焊接、连接及绑扎质量应符合现行《公路桥涵施工技术规范》(JTG/T 3650)的规定。

5.2 水泥

5.2.1 水泥应符合现行《通用硅酸盐水泥》(GB 175)的规定,水泥的品种和强度等级应通过混凝土配合比试验选定,且其特性应不会对混凝土的强度、耐久性和工作性能产生不利影响。当混凝土中采用碱活性集料时,宜选用含碱量不大于 0.6% 的低碱水泥。

5.2.2 进场水泥应附有生产厂家的品质试验检验报告等合格证明文件,并应按批次对同一生产厂、同一品种、同一强度等级及同一出厂日期的水泥进行强度、细度、安定性和凝结时间等性能的检验,散装水泥应以每 500t 为一批,袋装水泥应以每 200t 为一批,不足 500t 或 200t 时,亦按一批计。当对水泥质量有怀疑或受潮或存放时间超过 3 个月时,应重新取样复验,并应按其复验结果使用。水泥的检验试验方法应符合现行《公路工程水泥及水泥混凝土试验规程》(JTG 3420)的规定。

5.2.3 水泥宜采用散装水泥,散装水泥运至施工现场需建立专用水泥存储罐;采用袋装水泥时,在运输和储存过程中应防止受潮,且不得长时间露天堆放,临时露天堆放时应设支垫并覆盖。不同品种、强度等级和出厂日期的水泥应分别按批存放。

5.3 细集料

5.3.1 细集料宜采用级配良好、质地坚硬、颗粒洁净的河砂;当河砂不易得到时,可采用符合规定的其他天然砂或机制砂,细集料不得采用海砂或淡化海砂;各项技术指标应符合现行《建设用砂》(GB/T 14684)的规定。

5.3.2 细集料宜按同产地、同规格、连续进场数量不超过400m³或600t 为一验收批,小批量进场的宜以不超过200m³或300t 为一验收批进行检验。当质量稳定且进料量较大时,可以1000t 为一验收批。检验内容应包括外观、筛分、细度模数、有机物含量、含泥量、泥块含量及机制砂的石粉含量等,必要时应对坚固性、有害物质含量、氯离子含量、碱活性及放射性等指标进行检验。检验试验方法应符合现行《公路工程集料试验规程》(JTG 3432)的规定。

5.3.3 细集料的分类及颗粒级配应符合现行《公路桥涵施工技术规范》(JTG/T 3650)的规定。

5.4 粗集料

5.4.1 粗集料宜采用质地坚硬、洁净、级配合理、粒形良好、吸水率小的碎石或卵石,其技术指标应符合现行《建设用卵石、碎石》(GB/T 14685)的规定。

5.4.2 粗集料的颗粒级配应符合现行《公路桥涵施工技术规范》(JTG/T 3650)的规定。粗集料最大粒径宜按混凝土结构情况及施工方法选取,但最大粒径不得超过结构最小边尺寸的 1/4 和钢筋最小净距的 3/4;在两层或多层密布钢筋结构中,最大粒径不得超过钢筋最小净距的 1/2,同时不得超过 75.0mm。泵送混凝土时的粗集料最大粒径,除应符合上述规定外,对碎石不宜超过输送管径的 1/3,对卵石不宜超过输送管径的 1/2.5。

5.4.3 粗集料的进场检验组批按同产地、同规格、连续进场数量不超过400m³或600t 为一验收批,小批量进场的宜以不超过200m³或300t 为一验收批进行检验。当质量稳定且进料量较大时,可以 1000t 为一验收批。检验内容应包括外观、颗粒级配、针片状颗粒含量、含泥量、泥块含量、压碎值指标等,必要时应对坚固性、有害物质含量、氯离子含量、碱活性及放射性等指标进行检验。检验试验方法应符合现行《公路工程集料试验规程》(JTG 3432)的规定。

5.4.4 粗集料在生产、运输与储存过程中,不得混入影响混凝土性能的有害物质。粗集料应按品种、规格分别堆放,不得混杂。在装卸及储存时,应采取措施,使集料颗粒级配均匀,并保持洁净。

5.4.5 施工前应对所用的粗集料进行碱活性检验,在条件许可时,宜避免采用有碱活性反应的粗集料;必须采用时,应采取必要的抑制措施。

5.4.6 粗集料的进场检验组批应检验内容包括:外观、颗粒级配、针片状颗粒含量、含泥量、泥块含量、压碎值指标等,必要时尚应对坚固性、有害物质含量、氯离子含量、碱活性及放射性等指标进行检验。检验试验方法应符合现行《公路工程集料试验规程》(JTG/T 3432)的规定。

5.5 预应力筋

5.5.1 钢丝、钢绞线、精轧螺纹钢筋等材料的性能和质量应符合现行国家标准的规定。钢丝应符合现行《预应力混凝土用钢丝》(GB/T 5223)的规定;钢绞线应符合现行《预应力混凝土用钢绞线》(GB/T 5224)的规定;螺纹钢筋应符合现行《预应力混凝土用螺纹钢筋》(GB/T 20065)的规定。有涂层的预应力筋应符合相应的现行国家标准的规定。

5.5.2 预应力筋进场时应分批验收,验收时,除应按合同要求对其质量证明书、包装、标志和规格等进行检查外,应按下列规定进行检验:钢丝分批检验时,每批质量应不大于60t。检验时应先从每批中抽查5%且不少于5盘,进行表面质量检查,如检查不合格,则应对该批钢丝逐盘检查。在表面质量检查合格的钢丝中抽取5%,但不少于3盘,在每盘钢丝的两端取样进行抗拉强度、弯曲和伸长率的试验。钢绞线分批检验时,每批质量应不大于60t。检验时,应从每批钢绞线中任取3盘,并从每盘所选的钢绞线端部正常部位截取一组试样进行表面质量、直径偏差和力学性能试验。如每批少于3盘,则应逐盘取样进行上述试验。螺纹钢筋分批检验时,每批质量应不大于100t。对表面质量应逐根目视检查,外观检查合格后,在每批中任选2根钢筋截取试件进行拉伸试验。试验结果如有一项不合格,则应另取双倍数量的试件重做全部各项试验。试验不合格的原材料严禁用于工程实体中。

5.5.3 预应力筋的实际强度不得低于现行国家标准的规定。预应力筋的检验试验方法应按现行国家标准的规定执行,用于拉伸试验的试件,不得进行任何形式的加工。在对预应力筋的拉伸试验中,应同时测定其弹性模量。

5.5.4 预应力筋应保持清洁,在存放和搬运过程中应避免使其产生机械损伤和有害的锈蚀。进场后的存放时间宜不超过6个月,且宜存放在干燥、防潮、通风良好、无腐蚀气体和介质的仓库内;在室外存放时,不得直接堆放在地面,应支垫并遮盖,防止雨露和各种腐蚀性介质对其产生不利影响。

5.5.5 预应力筋制作时的下料应符合下列规定:

(1)下料长度应通过计算确定,计算时应考虑结构的孔道长度或台座长度、锚夹具厚度、千斤顶长度、镦头预留量、冷拉伸长值、弹性回缩值、张拉伸长值及张拉工作长度等因素。

(2)钢丝束两端采用镦头锚具时,宜采用等长下料法对钢丝进行下料。

（3）预应力筋的下料,应采用切断机或砂轮锯切断,严禁采用电弧切割。

5.5.6 预应力筋采用高强钢丝时,其镦头宜采用液压冷镦,镦头前应确认钢丝的可镦性。钢丝镦头的强度不得低于钢丝强度标准值的98%。

5.5.7 制作挤压锚时,应符合下列规定:

（1）模具与挤压锚应配套使用,挤压锚具的外表面应涂润滑介质,挤压力和挤压操作应符合产品使用说明书的规定。

（2）挤压后的预应力筋外端应露出挤压套筒2~5mm。

（3）应从每一工作班制作的成型挤压锚中抽取至少3个试件,进行握力试验。

（4）钢绞线压花锚挤压成型时,表面应清洁、无油污,梨形头的尺寸和直线段长度应不小于设计值。

（5）环涂层钢绞线不得用于制作压花锚。

5.6 锚具、夹具和连接器

5.6.1 锚具、夹具和连接器应按设计规定采用,其性能和质量应符合现行《预应力筋用锚具、夹具和连接器》（GB/T 14370）及浙江省地方标准《公路桥梁后张法预应力施工技术规范》的规定❶。锚具应符合分级张拉、补张拉以及放松预应力的要求;锚固多根预应力筋的锚具除应具有整束张拉的性能外,尚应具有单根张拉的性能;用于承受低应力或动荷载的夹片式锚具应具有防松性能;锚具的锚口摩阻损失率宜不大于6%。

5.6.2 锚垫板应具有足够的强度和刚度,且宜设置锚具对中止口以及压浆孔或排气孔,压浆孔的内径宜不小于20mm。与后张预应力筋用锚具或连接器配套的锚垫板和局部加强钢筋,在规定的局部承压试件尺寸及混凝土强度下,应符合传力性能要求。

5.6.3 锚具、夹具和连接器进场时,应按合同核对其型号、规格和数量,以及适用的预应力筋品种、规格和强度等级,且生产厂应提供产品质保书、产品技术指南、锚固区传力性能型式检验报告,以及夹片式锚具的锚口摩阻损失测试报告或参数。产品按合同核对无误后,应按下列规定进行进场检验:

（1）外观检验。从每批产品中抽取2%且不少于10套样品,检验表面裂纹及锈蚀情况。要求表面不得有裂纹及锈蚀。当有一个零件不符合要求时,本批全部产品应逐件检验,符合要求者判定该零件外观合格。对配套使用的锚垫板和螺旋筋可按上述方法进行外观检验,但允许表面有轻度锈蚀。

（2）尺寸检验。从每批产品中抽取2%且不少于10套样品,检验其外形尺寸。外形尺寸

---

❶ 根据工程属地地方标准。

应符合产品质保书所示的尺寸范围。当有 1 个零件不符合规定时,应另取双倍数量的零件重新检验。如仍有 1 个零件不符合要求,则本批全部产品应逐件检验。外观尺寸不符合要求的产品严禁用于工程实体中。

(3)硬度检验。从每批产品中抽取 3% 且不少于 5 套样品(对多孔夹片式锚具的夹片,每套抽取 6 片),对其中有硬度要求的零件进行硬度检验,每个零件测试 3 点,其硬度应符合产品质保书的规定。当有 1 个零件不合格时,应另取双倍数量的零件重做检验;如仍有 1 个零件不合格,则应对本批产品逐个检验,合格者方可使用或进入后续检验。

(4)静载锚固性能试验。应在外观检验和硬度检验均合格的同批产品中抽取样品,与相应规格和强度等级的预应力筋组成 3 个预应力筋-锚具组装件,进行静载锚固性能试验。如有 1 个试件不符合要求,则应另取双倍数量的样品重做试验;如仍有 1 个试件不符合要求,则该批锚具为不合格。静载锚固性能试验方法应符合现行《预应力筋用锚具、夹具和连接器》(GB/T 14370)的规定。

5.6.4 进场检验时,同种材料、同一生产工艺条件下、同批进场的产品可视为同一验收批。锚具的每个验收批宜不超过 2000 套;夹具、连接器的每个验收批宜不超过 500 套;获得第三方独立认证的产品,其验收批可扩大 1 倍。检验合格的产品,如在现场的存放期超过 1 年,再用时应进行外观检验。

5.6.5 预应力筋用锚具产品应配套使用,同一结构或构件中应采用同一生产厂的产品,工作锚不得作为工具锚使用。夹片式锚具的限位板和工具锚宜采用与工作锚同一生产厂的配套产品。

5.7 预应力管道

5.7.1 进场时除应按合同检查出厂合格证和质量保证书,核对其类别、型号、规格及数量外,尚应对其外观、尺寸、集中荷载下的径向刚度、荷载作用后的抗渗漏及抗弯曲渗漏等进行检验。检验试验方法应分别符合现行《预应力混凝土用金属波纹管》(JG/T 225)和《预应力混凝土桥梁用塑料波纹管》(JT/T 529)的规定。

5.7.2 管道应按批进行检验,金属波纹管每批应由同一钢带生产厂生产的同一批钢带所制造的产品组成,每批数量应不超过 50000m;塑料波纹管每批应由同一配方、同一生产工艺、同设备稳定连续生产的产品组成,每批数量应不超过 10000m。

5.7.3 检验时应先进行外观质量的检验,合格后再进行其他指标的检验。当其他指标中有不合格项时,应取双倍数量的试件对该不合格项进行复验;复验仍不合格时,该批产品严禁用于工程实体中。

5.7.4 波纹管在搬运时应采用非金属绳捆扎,或采用专用框架装载,不得抛摔或在地面上拖拉。波纹管在存放时应远离热源及可能遭受各种腐蚀性气体、介质影响的地方,存放时间宜不超过6个月,在室外存放时不得直接堆于地面,应支垫并遮盖。

5.8　外加剂

5.8.1　所使用的外加剂,与水泥、矿物掺合料之间应具有良好的相容性。

5.8.2　所采用的外加剂,应是经过具备相关资质的检测机构检验并附有检验合格证明的产品,且其质量应符合现行《混凝土外加剂》(GB 8076)的规定。外加剂使用前应按现行《混凝土外加剂》(GB 8076)的规定进行复验,复验结果满足要求后方可用于工程中。外加剂的品种和掺量应根据使用要求、施工条件、混凝土原材料的变化等通过试验确定。

5.8.3　采用膨胀剂时应符合下列规定:

(1)采用的膨胀剂,其性能应符合现行《混凝土膨胀剂》(GB/T 23439)的规定。

(2)膨胀剂的品种和掺量应通过试验确定。

(3)掺入膨胀剂的混凝土宜采取有效的持续保湿养护措施,且宜按不同结构和温度适当延长养护时间。

5.8.4　掺合料应保证其产品品质稳定,来料均匀。掺合料应由生产单位专门加工、进行产品检验并出具产品合格证书。掺合料的技术要求应符合现行《公路桥涵施工技术规范》(JTG/T 3650)附录D的规定。

5.8.5　混凝土中需要掺用粉煤灰、粒化高炉矿渣粉、硅灰等掺合料时,其掺入量应在使用前通过试验确定。

5.8.6　掺合料在运输与储存中,应有明显标识,严禁与水泥等其他粉状材料混淆。

5.9　施工用水

5.9.1　符合国家标准的饮用水可直接作为混凝土的拌制和养护用水;当采用其他水源或对水质有疑问时,应对水质进行检验。水的品质指标应符合现行《公路桥涵施工技术规范》(JTG/T 3650)的规定。

5.9.2　混凝土用水尚应符合下列规定:

(1)水中不应有漂浮明显的油脂和泡沫,且不应有明显的颜色和异味;

(2)严禁采用海水用于结构混凝土的拌制和养护。

5.9.3　混凝土用水的检验试验方法应符合现行《混凝土用水标准》(JGJ 63)的规定。

5.9.4　在高温季节拌制混凝土时,为适当降低混凝土的拌和温度,可采用冰水拌制或在拌和用水中通过精计量措施加入一定数量的冰块或冰屑。

6　施工设备管理

6.1 挂篮

6.1.1 总体要求

应结合工程现场环境条件、施工荷载及桥梁线形要求,委托具备相应资质的单位对挂篮进行专项设计,明确挂篮结构验收标准、安装定位工艺、预拱度设置参数及拆除工序等技术要求,并对施工单位进行安全技术交底。

挂篮按以下原则进行设计:结构自重轻、构造简洁合理、受力传递路径明确、整体稳定性可靠、结构刚度满足变形控制要求、前移和装拆操作便捷、具备良好的可重复使用性能。

为确保施工安全,原则上应配置信息化监控系统,对挂篮的位移、应变等关键力学参数实施实时监测和数据采集。

(1)挂篮的最大变形(包括吊带变形的总和)应不大于20mm。

(2)挂篮在浇筑混凝土状态和行走时的抗倾覆安全系数、锚固系统的安全系数、斜拉水平限位系统的安全系数及上水平限位的安全系数均应不小于2。

(3)挂篮自重与最重悬臂梁段的结构自重比宜不大于0.5,且挂篮的总重应控制在设计规定的限重以内。

(4)浇筑悬臂梁段时,可将后端临时锚固在已浇筑的梁段上。

(5)支撑平台后端横梁,可锚固于已浇筑梁段底板上。

(6)挂篮吊架在浇筑梁段中所产生变形的调整,可采用前吊杆高度调节法,也可采用预压配重调整法。

6.1.2 挂篮选型

挂篮是悬臂浇筑施工中的主要设备,按结构形式可分为桁架式(包括平弦无平衡重式、菱形、三角形、弓弦式等)、斜拉式(包括三角斜拉式和预应力斜拉式)、型钢式及混合式四种。可根据混凝土悬臂施工及工艺要求,综合比较各种形式挂篮特点、重量等来选择挂篮形式。

6.1.3 挂篮组成

挂篮主要由承重系统、走行系统、模板系统、悬吊系统、锚固系统、底篮系统、作业平台及防护系统八个部分组成。各作业平台应完整,各平台间通道应连通,上下宜设置专用爬梯;对于跨越既有线、高速、铁路、航道及地方国省道,应设置防护兜底体系。

6.1.4 挂篮结构材料

挂篮结构构件用钢应优先选用高强度钢材,其材料性能除应满足结构承载力设计要求外,还应符合现行国家相关标准的规定。吊带构件推荐采用 16Mn 低合金高强度结构钢,吊带销轴推荐采用 40Cr 合金结构钢。

6.1.5　挂篮进场验收

挂篮进场使用前应在挂篮制造厂家进行试拼装,试拼装合格后方可进场正式拼装。进场后、拼装前,应由施工单位对挂篮的钢材、连接杆件、锚固螺栓等原材料进行自检,自检合格后通知监理工程师对挂篮进场原材料进行检查验收工作,经监理工程师验收合格后方可进行挂篮拼装作业。拼装完成后由监理工程师对挂篮整体进行全面的检查验收,并填写挂篮检查验收表(表6-1),验收合格后方可进入下一道工序。

挂篮检查验收表　　　　　　　　　　　　　　　　　　　　　　　表 6-1

序号	检查项目	检查内容	检查结果	整改意见
1	主桁架	主桁架尺寸		
2		滑轨轴线正确、顺直,间距与设计相符		
3		滑轨与轨枕连接牢固,螺栓、垫片上紧,数量足够		
4		平联与主杆连接牢靠,螺栓上紧、上全		
5		前横梁与主杆上钢板焊接牢固,销上紧		
6	锚固系统	轨枕放置平稳,间距均匀,位置正确		
7		轨枕与腹板精轧螺纹钢连接牢固,露丝长度符合要求		
8		轨枕与后精轧螺纹钢连接牢固,螺母上紧		
9		后精轧螺纹钢无损伤,数量符合锚固要求		
10		后锚扁担梁平稳无倾斜,受力均匀,与精轧螺纹钢连接牢固,螺母、垫板上全、上紧		
11		前吊带螺栓是否上紧		
12		后吊带螺栓是否上紧		
13		后锚千斤顶工作良好,顶面在同一高度,受力一致		
14	底模系	后托梁与后吊丝杆连接牢固,销、螺母上紧		
15		后托梁与边纵梁、中纵梁连接牢固,销、螺母上紧		
16		前托梁与纵梁、钢板吊带之间销、螺母上紧,钢板吊带与前横梁之间销、螺母上紧		
17		钢板吊带数量足够,吊点位置正确,没有拱曲		
18		模板平整无倾斜,模板与纵梁焊接牢固,模板间焊缝饱满		
19	侧模系	外滑梁吊架连接稳固,螺栓、垫板上紧		
20		外滑梁吊架与前横梁连接牢固		
21		侧模骨架与外滑梁焊接牢固		
22		侧模与底模连接牢固		

序号	检查项目	检查内容	检查结果	整改意见
23	内模系	内滑梁吊架连接稳固,螺母、垫板上紧		
24		内滑梁吊带与前横梁连接牢固		
25		内滑梁骨架与内滑梁连接牢固		
26	走行系统	滑轨顺直,与轨枕之间用钢板连接牢固		
27		反扣轮与滑轨接触良好,无脱轨现象		
28		临时锁定精轧螺纹钢、扁担梁连接牢固,受力均匀		
29		走行用千斤顶经试验校核,工作正常,无漏油		
30	安全防护	底模工作平台周围做好围栏并挂好安全网		
31		侧模上用角钢围焊栏杆,穿螺纹钢并挂满安全网		
32		主桁架倾斜、前横梁两侧焊接螺纹钢围栏并满挂安全网		
评定		(安全;基本安全;危险;立即停工)		
安监部意见		安全负责人: 日期:		
施工单位意见		项目经理: 日期:		
监理单位意见		安全专监: 日期:		
备注		意见及问题照片可作附录附后		

6.1.6 挂篮静载试验

(1)经监理工程师验收合格后,方可对挂篮进行静载试验。常规静载试验荷载取值为节段梁浇筑混凝土最大重量的 1.1~1.2 倍,预压时间通常为 24h,预压可采用砂袋法、水袋(箱)法、混凝土预制块法、预应力反拉法。当采用砂袋法预压时,需对砂袋进行防渗水措施。加载宜分 4 级进行加载,加载和卸载期间应做好各项观测记录,记录内容应真实、完整。挂篮变形受温度影响较大,挂篮静载试验宜在温度相对稳定的天气进行。挂篮预压尽可能模拟梁段结构荷载分布,如有偏差,应经详细计算后采取正确合理的压载方式,防止超载预压。

(2)加载过程中用电子精密水准仪观测加载前的各高程观测点的高程并做好详细记录。加载到第 2 级后,待 1h 后对各高程观测点进行第 2 次测量并做好详细的测量记录。加载到第 3 级后,待 1h 后对各高程观测点进行第 3 次测量并做好详细的测量记录。加载到设计荷载的 100% 后,待 1h 后对各高程观测点进行第 4 次测量并做好详细的测量记录。最后加载到设计荷载的 110% 或 120% 时,立即进行第 5 次测量并做好详细的观测记录,随后每 2h 观测一次,12h 以后每 4h 观测一次,当沉降无增加值(变形稳定),即 24h 范围内无沉降增加即视其预压稳定,即可进行卸载作业。

（3）卸载到设计荷载的 25%、50%、75% 时要对高程观测点进行测量，做好详细的测量记录。待荷载全部卸载后，对各观测点进行最后一次高程点测量，以确定挂篮的弹性变形值和非弹性变形值。

（4）根据加载前后以及卸载后测量的数据，确定挂篮的弹性变形量、非弹性变形量，建立线形关系模型，为立模高程的确定提供参考依据。

（5）在静载过程中要安排专人对挂篮各部位进行观察，发现异常情况时应立即停止相关作业，及时撤离现场作业人员。

（6）静载试验完成后，应成立检查组对挂篮各部件进行全面检查并对其进行安全评估。

6.1.7 挂篮使用要求

（1）挂篮安装使用过程中，严禁未经设计确认或技术审批擅自对主要承力构件进行割孔、焊接等可能改变结构受力特性的作业。

（2）悬臂浇筑施工应对称、平衡地进行，两端悬臂上荷载的实际不平衡偏差不得超过设计规定值；设计未规定时，宜不超过节段梁重量的 1/4。

（3）施工时，为有效控制线形，减少挂篮在浇筑混凝土过程中的变形调整，挂篮就位时挂篮前端应预留沉降量（初次沉降量根据挂篮预压成果确定），并根据挂篮现场施工前 1～2 个梁段浇筑过程中的变形观测结果来修正挂篮预留沉降量。

（4）在挂篮的使用过程中对挂篮的悬吊系统进行检查，对观测点的高程进行监测，杜绝安全事故发生。

①挂篮的安装、行走、混凝土入模及拆除过程均系高空作业，必须有安全护栏、护网，使作业在安全封闭环境下进行。

②挂篮模板与已浇筑好混凝土搭接长度应不小于 100mm。

③挂篮设计时应提前与设计衔接，明确梁体各预留预埋孔的位置，确保各预留预埋孔的位置准确。

④在前移时，轨道表面应均匀涂抹一层黄油，下弦杆两侧的千斤顶应同时用力，保证挂篮主构架能够同步稳定行走。

⑤吊杆或吊带高度用千斤顶进行调节。

⑥浇筑前在模板底部设通长对拉精轧螺纹钢，在内模处要有适当支撑。

⑦走行悬挂处的钢丝绳位置，要有弧形板，防止刻绳。

⑧提前准备好挂篮施工所需的机具配件：备用精轧螺纹钢及相应螺母和连接螺母、备用适量的倒链、备用平台梁木板等、备用粗细钢丝绳，吊装工件等。

⑨使用的机械设备随时检查，及时维修保养；千斤顶、倒链、钢丝绳、钢吊带必须具有足够的使用强度和安全系数，动力和照明必须达到作业安全要求；辅助调模的倒链葫芦应符合国家

现行相关标准的规定。

⑩挂篮行进中途停止时,应采取一定的防滑措施,使主构架与轨道固定,避免挂篮发生滑动。

⑪悬臂施工时,严格控制截面的施工尺寸,并注意梁上施工机具的布置,做到平衡施工,以减少附加弯矩对结构的影响。

⑫对挂篮位置、前后吊杆、吊架及后锚杆等关键部位,及时检查,及时解决问题,不得留有隐患。

⑬应定期对精轧螺纹钢进行检查保养,定期更换。同时,由于精轧螺纹钢筋物理性能受温度影响较大,应在螺纹钢外加套橡胶管进行保护,焊接时应尽量远离精轧螺纹钢筋。

⑭对竖向应力筋的位置、数量及时进行检查,检查是否符合位置要求,对预留吊带洞及其他预留孔洞应保证位置并垂直;当位置存在较大偏差时,应根据实际情况重新进行受力检算。

⑮按规定时间、部位、工况及时进行测量,收集高程,中轴线及挠度的信息数据,并做好记录。

⑯模板与已成梁段混凝土必须密贴,避免出现错台,确保模板支撑点稳固,并通过测量和校准控制模板安装位置的精度。

⑰混凝土入模过程中,随时注意挂篮及模板变形情况,发现异常情况及时处理,以便于施工的顺利进行。

⑱T构梁段两端要求做到均衡作业,不平衡偏差必须控制在设计允许范围内。

⑲由于挂篮本身结构呈悬臂状态的时间较长,稳定性较差,因此在有风的天气施工时,用倒链或钢丝绳通过中门架中央的耳板与两侧轨道固定,避免对结构杆件造成破坏,风力超过6级时不宜施工。

⑳下列任一条件下不得使用精轧螺纹钢吊杆进行连接:

a.底篮前吊点连接。

b.其他吊点连接。

上下钢结构直接连接时(未穿过混凝土结构)。

与底篮连接未采用活动铰时。

吊杆未设外保护套时。

㉑腹板变化段,模板安装严格按照设计要求的水平度和垂直度设置,接缝处采用专业密封材料进行加强处理,在变化段角落和边缘注意振捣控制,避免混凝土浇筑时出现漏浆或不均匀情况。

6.1.8 挂篮行走前的检查

挂篮行走时为保证滑梁悬吊系统的安全性,行走之前施工人员需检查以下三项:

（1）为防止滚动吊架吊杆受力过大而断裂,行走前不要拆除承重吊架吊杆,下放承重吊架使承重轴离开滑梁底面适当距离,作为滑梁行走时的备用悬吊系统。

（2）为防止挂篮行走到位时滑梁走脱滚动吊架,行走前需保证滑梁后端有防脱装置。

（3）对于梁面纵坡较大的挂篮轨道,前端应设置限位挡块,后端设置牵引保险,防止挂篮行走时发生脱离轨道的安全事故。

6.1.9 挂篮行走

（1）挂篮行走前先下放挂篮底托系统 20～30cm,然后下放导梁及内外模板系统至完全脱离梁体,行走速度宜控制在 2m/h。

（2）清理已浇梁段顶面并铺设钢枕及轨道,解除后锚系统,拆除下弦杆锚固梁,使后锚力由销轴传递至反扣轮组,反扣轮反扣轨道受力。

（3）安装行走护舷、牵引拉杆及液压千斤顶,反向栓拉固定滚动吊架,解除内外导梁承重垫板,使导梁受力传递至滚动吊架。

（4）通过油泵控制千斤顶推动挂篮及模板整体同时向前滑动,行走过程中需对挂篮实时进行监测,如遇阻力过大或行走不同步等,需停止行走,及时分析原因,解决问题后再行走到位。

（5）完善锚固系统,重装承重吊杆,利用承重垫板锚固内、外导梁,并将导梁滚动吊架移动至指定位置锚固。

（6）调整底托系统及模板整体高程,开始浇筑下一节段混凝土,如此循环,完成标准节段的施工。

（7）挂篮行走安全保证要求。

①挂篮行走时,为了防止后锚反扣轮出现意外导致挂篮整体向前倾覆,在后锚位置应设置保险装置,保险装置利用上下反压梁和精轧螺纹钢锚固在行走轨道上。

②挂篮行走前,安装后锚保险装置,再拆除后锚。行走过程中应安排专人看管保险装置,为防止行走时反压精轧螺纹筋倾斜被剪断,应及时调整反压梁位置,以保证螺纹筋垂直受力。

③挂篮行走过程中,保险装置挡住后支座时,及时向前挪动,保证整个行走过程中都有行走保险装置。

④挂篮行走过程中要配专人检查滑梁行走系统,发现不安全因素时及时停止行走,分析原因,解决后再行走到位。

6.2 张拉设备

6.2.1 预应力筋的张拉宜采用穿心式双作用千斤顶,整体张拉或放张宜采用具有自锚功能的千斤顶;张拉千斤顶的额定张拉力宜为所需张拉力的 1.5 倍,且不得小于 1.2 倍。与千斤顶配套使用的压力表应选用防振型产品,其最大读数应为张拉力的 1.5 ~ 2.0 倍,标定精度应不低于 1.0 级。张拉机具设备应与锚具产品配套使用,并应在使用前进行校正、检验和标定。

6.2.2　张拉用的千斤顶与压力表应配套标定、配套使用,标定应在经国家授权的法定计量技术机构定期进行,标定时千斤顶活塞的运行方向应与实际张拉工作状态一致。当处于下列情况之一时,应重新进行标定:

(1)使用时间超过 6 个月。

(2)张拉次数超过 300 次。

(3)使用过程中千斤顶或压力表出现异常情况。

(4)千斤顶检修或更换配件后。

(5)部分损伤。

(6)伸长量出现系统性的偏大或偏小。

(7)新千斤顶初次使用之前。

(8)更换新油表后。

(9)张拉时出现短筋又找不到原因。

(10)停放三个月不用后,重新使用之前。

(11)油表受到摔碰等大的冲击时。

6.2.3　张拉设备应具备智能传输功能,张拉数据(张拉力、伸长量、张拉时间)能实时上传至物联网平台。

6.3　混凝土拌和站

6.3.1　优先采用强制式集中拌和站,拌和站必须具备全电脑自动精计量装置,拌和能力应满足混凝土最高峰供应能力的需求。

6.3.2　拌和楼应具备数字化管控要求,应安装工地物联网数据采集系统,实现数据实时监控及预警。

6.3.3　拌和站投入使用前,应获得国家授权的法定计量技术机构的标定证书。

6.4　混凝土运输车

采用密封式搅拌运输车,使用前应对罐体进行检查清理,防止残渣、残水带入混凝土。运输数量及能力应满足现场实际需求,在浇筑现场等候的混凝土搅拌运输车应不少于 1 ~ 2 辆,当运距超过一定距离时应相应增加运输车辆。

6.5 混凝土输送泵

6.5.1 混凝土输送泵的工作性能(扬程、泵送能力)应与浇筑节段梁所处的高度、浇筑方量相互匹配,现场至少应配备一台予以备用。

6.5.2 当采用汽车泵时,应对汽车泵的工作场地进行检查,确保汽车泵在工作期间安全稳定。汽车泵工作性能(扬程、泵送能力)应与浇筑节段梁所处的高度、浇筑方量相互匹配。

6.6 支、托架

6.6.1 支架宜采用标准化、系列化、通用化的钢构件制作拼装。

6.6.2 支架材料进场后由项目部进行自检,自检合格后报监理工程师检查验收,验收合格后方可投入使用。

6.6.3 支架的构造形式宜综合所采用的材料类别、所支承的结构及荷载、地形及环境条件、地基情况等因素确定。

6.6.4 支架的立杆之间应根据其受力要求和接头特点设置水平和斜向支撑连接杆件,增强支架的整体刚度和稳定性。

6.6.5 托架结构形式宜设置成三角形,且与预埋件的连接固定方式要可靠、牢固。

6.6.6 采用定型钢管脚手架材料做支架时,其构造应符合相应的技术规范要求。

6.7 其他设备

6.7.1 施工升降机、塔式起重机在墩身施工阶段按实际需要进行配备(原则上,一个墩身需配备一台施工升降机、一台塔式起重机)。

6.7.2 现场应配备不少于一台柴油发电机,避免因停电等突发情况对现场施工造成的不利影响。

6.7.3 根据节段梁浇筑混凝土的方量配备合理数量的插入式振捣棒及平板振动器。

7 施工工艺管理

7.1 模板检验

模板重点检查以下内容：

（1）刚度、强度。

（2）表面打磨处理情况，表面光滑度、大面平整度。

（3）板与板之间的拼缝处理效果，板与板之间的高差。

（4）脱模剂涂刷均匀情况。

（5）模板表面是否干净、整洁、无残留杂物。

（6）各预埋件中心线位置，模板高程，轴线偏位等。模板检查验收见表7-1。

模板检查验收表　　　　　　　　　表7-1

序号	检查项目	允许偏差（mm）
1	相邻模板表面高低差	2
2	模板表面平整度	5
3	预埋件中心线位置	3
4	模板高程	±10
5	模内尺寸	+5,0
6	轴线偏位	10
7	托架纵轴的平面位置	跨度的1/1000 或30
8	预留孔洞中心线位置	10
9	预留孔洞截面内部尺寸	+10,0

7.2 钢筋检验

钢筋安装检查与验收按照现行《公路工程质量检验评定标准　第一册　土建工程》（JTG F80/1）的有关规定进行，重点检查以下内容：

（1）钢筋的数量。

（2）钢筋的连接方式、同一连接区段内的接头面积是否符合设计要求；接头位置应设在受力较小处，任何连接区段内同一根钢筋不得有两个接头。

（3）钢筋的搭接长度、焊接和机械接头质量是否符合施工技术规范的规定。

（4）受力钢筋表面不得有裂纹及其他损伤。

（5）钢筋的保护层垫块应分布均匀，数量及材料性能是否符合设计要求和有关技术规范的规定。

(6)钢筋应安装牢固,钢筋网应有足够的钢筋支撑,确保混凝土浇筑过程中钢筋不应出现移位。

(7)底板钢筋与腹板钢筋的连接应牢固,且宜采用焊接;底板上、下两层的钢筋网应采用两端带弯钩的竖向筋进行连接,使之形成整体;顶板底层的横向钢筋宜采用通长筋。

(8)钢筋与预应力管道、预应力施工作业相互影响时,钢筋仅可移动,不得切断。若挂篮的下限位器、下锚带、斜拉杆等部位影响下一步操作必须切断钢筋时,应在该工序完成后,将切断的钢筋重新连接。钢筋安装实测项目见表7-2。

钢筋安装实测项目 表7-2

检查项目		允许偏差(mm)	检查方法和频率
受力钢筋间距(mm)	两排以上排距	±5	尺量:长度≤20m 时,每构件检查 2 个断面;长度>20m 时,每构件检查 3 个断面
	同排间距	±10	
箍筋、构造钢筋、螺旋筋间距(mm)		±10	尺量:每构件测 10 个间距
钢筋骨架尺寸(mm)	长	±10	尺量:按骨架总数的 30% 抽测
	宽、高或直径	±5	
弯起钢筋位置(mm)		±20	尺量:每骨架抽查 30%
保护层厚度(mm)	梁、板、拱肋及拱上建筑	±5	尺量:每构件各立模板面每 3m² 检查 1 处,且每侧面不少于 5 处

7.3 预应力管道检验

7.3.1 检查管道连接方式与质量,宜采用热熔工艺,禁止采用落后淘汰工艺进行连接。

7.3.2 检查管道定位钢筋是否按设计要求设置。当设计未规定设置间距时,直线段宜按0.8m/道设置,曲线段应适当进行加密,宜按 0.4m/道进行设置。

7.3.3 预应力管道定位钢筋宜采用"#"字形筋进行固定,不得采用"U"形筋进行固定,固定形式采用与主筋焊接方式进行。管道固定应牢固,不得因混凝土浇筑施工导致管道出现偏位现象。

7.3.4 复核管道坐标位置,确保管道位置偏差符合设计及规范要求。

7.4 混凝土浇筑

7.4.1 配合比设计

(1)混凝土浇筑施工前应进行配合比设计,配合比应以质量比表示,并应通过计算和试配选定。试配时应采用施工实际使用的材料,配制的混凝土拌合物应符合和易性、凝结时间等施工技术条件;制成的混凝土应符合配制强度、力学性能和耐久性能的设计要求。

(2)混凝土的配合比,按现行《普通混凝土配合比设计规程》(JGJ 55)的规定进行设计,并应通过试配确定。混凝土的试配强度,应根据设计强度等级,并考虑施工条件的差异和变化以及原材料质量可能的波动,按现行《公路桥涵施工技术规范要求》(JTG/T 3650)附录 E 计算确定。混凝土的坍落度和工作性能宜根据结构物情况和施工工艺要求确定。通过设计和试配确定的配合比,应经批准后方可使用,且应在混凝土拌制前将理论配合比换算为施工配合比。

(3)混凝土进行耐久性设计时,环境类别和作用等级、原材料的选用、配合比设计等均应符合现行《公路工程混凝土结构耐久性设计规范》(JTG/T 3310)的规定。不同强度等级混凝土的最大水胶比、胶凝材料用量宜符合有关规定。

7.4.2 拌制

(1)混凝土的配料宜采用自动精计量装置,各种计量器的精度应符合要求,计量应准确。计量器具应定期标定,迁移后应重新进行标定。拌制混凝土所用的各项固体原材料应按质量进行计量投料,水和液体外加剂可按体积进行计量投料,配料数量的允许质量偏差应符合现行《公路桥涵施工技术规范》(JTG/T 3650)的规定。

(2)混凝土应采用机械拌制。拌制时,自全部材料装入搅拌筒开始搅拌至开始出料的最短搅拌时间,应按搅拌机产品说明书的要求和混凝土搅拌的技术要求经试验确定。混凝土拌合物应搅拌均匀、颜色一致,不得有离析和泌水现象,对在施工现场集中拌制的混凝土,应检测其拌合物的均匀性。检测时,应在搅拌机的卸料过程中,从卸料流的 1/4 ～ 3/4 之间部位取试样进行试验,试验结果应符合下列规定:

①混凝土中砂浆密度两次测值的相对误差应不大于 0.8% 。

②单位体积混凝土中粗集料含量 2 次测值的相对误差应不大于 5% 。

(3)混凝土搅拌完毕后,应按下列要求检测混凝土拌合物的各项性能:

①混凝土拌合物的坍落度及其损失,宜在搅拌地点和浇筑地点分别取样检测,每一工作班或每一单元结构物应不少于 2 次,评定时应以浇筑地点的实测值为准。

②必要时,应对工作性能、泌水率及含气量等混凝土拌合物的其他指标进行检测。

7.4.3 运输

(1)运输能力应与混凝土的凝结速度和浇筑速度相匹配,应使浇筑工作不间断且混凝土运达浇筑地点时仍能保持其均匀性及适宜浇筑的坍落度。混凝土的运输应采用搅拌运输车,或在条件允许时采用泵送方式输送,对寒冷、严寒或炎热的天气情况,搅拌运输车的搅拌罐和泵送管应有保温或隔热措施。

（2）采用搅拌运输车运输混凝土时，运输时长不得超过混凝土的初凝时间，途中应以 2～4r/min 的慢速进行搅动，卸料前应采用快挡旋转搅拌罐不少于 20s。混凝土运至浇筑地点后发生离析、泌水或坍落度不符合要求时，应进行第二次搅拌；二次搅拌时不宜加水，确有必要时，可同时加水、相应的胶凝材料和外加剂并保持其原水胶比不变；二次搅拌仍不符合要求时，不得使用该批混凝土。

（3）混凝土采用泵送方式时应符合下列规定：

①混凝土的供应宜使输送混凝土的泵能连续工作，泵送的间歇时间宜不超过 15min。在泵送过程中，受料斗内应具有足够的混凝土，应防止吸入空气产生阻塞。

②输送管应顺直，转弯处应圆缓，接头应严密、不漏气。

③输送管在输送混凝土前应事先采用砂浆进行通管，防止后续混凝土输送时发生堵管现象。

7.4.4　浇筑

（1）浇筑前应对泵管的气密性、布料机、输送泵的工作性能进行检查，现场对混凝土的均匀性和坍落度等性能进行检测。

（2）振捣时，插入式振动器的移位间距应不超过振动器作用半径的 1.5 倍，与侧模应保持50～100mm 的距离，且插入下层混凝土中的深度宜为 50～100mm。表面振动器的移位间距应使振动器平板能覆盖已振实部分不小于 100mm。每一振点的振捣延续时间宜为 20～30s，以混凝土停止下沉、不出现气泡、表面呈现浮浆为度。

（3）混凝土的浇筑宜连续进行，因故中断间歇时，其间歇时间应小于前层混凝土的初凝时间或能重塑时间。混凝土的运输、浇筑及间歇的全部时间应符合现行《公路桥涵施工技术规范》（JTG/T 3650）的有关规定，超出时应按浇筑中断处理，并应留置施工缝，同时应作出记录。混凝土浇筑过程中应有专人对模板进行全过程检查，发现有异常情况应立即停止浇筑作业，并及时撤离现场作业人员。

（4）施工缝的位置应按设计图纸要求进行，对施工缝的处理应符合下列规定：

①施工缝处混凝土表面的光滑表层、松弱层应予凿除，凿毛的最小深度应不小于 8mm。对施工缝处混凝土的强度，当采用水冲洗凿毛时，应达到 0.5MPa；人工凿除时，应达到 2.5MPa；采用风动机凿毛时，应达到 10MPa。

②经凿毛处理后的混凝土面，新混凝土浇筑前，应采用洁净水冲洗干净，在凿毛面均匀涂抹一层同等级的混凝土浆液。

（5）在环境相对湿度较小、风速较大（六级以下）的条件下浇筑混凝土时，应采取适当措施防止混凝土表面过快失水。浇筑混凝土期间，应随时检查挂篮、钢筋、预应力管道和预埋件等的稳固情况,并应及时填写混凝土施工记录。新浇筑混凝土的强度达到 2.5MPa 之前,不得使其承受行人、运输工具、模板、材料等荷载。

7.4.5 养护

(1)混凝土浇筑完成后,应在其收浆后尽快予以覆盖并洒水保湿养护。对于高强度和高性能混凝土、炎热天气浇筑的混凝土以及桥面大面积裸露的混凝土等,应加强初始保湿养护,具备条件的可在浇筑完成后立即加设棚罩,待收浆后再予以覆盖和洒水养护,覆盖时不得损伤或污染混凝土表面。

(2)混凝土表面有模板覆盖时,应在养护期间使模板保持湿润。拆除模板后,仍应对混凝土进行覆盖和洒水养护,直至达到规定的养护期限;在低温、干燥或大风(6 级以下)环境下拆除模板时,应采取必要的覆盖、保温等措施,防止混凝土表面产生裂缝。

(3)混凝土的洒水保湿养护时间应不少于 7d,当气温低于 5℃时,应采取保温养护措施,不得向混凝土表面洒水。当采用喷洒养护剂对混凝土进行养护时,所使用的养护剂应不会对混凝土产生不利影响,且应通过试验验证其养护效果。

(4)箱室内应采取有效的措施进行养护,确保养护期内箱室内混凝土处于湿润状态。

(5)冬季施工时,为防止拆模后混凝土表面温度损失过快,应采取蒸汽养护 + 包封措施,对箱体表面进行全覆盖包封保温。

7.4.6 大体积混凝土

(1)大体积混凝土在选用原材料和进行配合比设计时,应按降低水化热温升的原则进行,并应符合下列规定:

①宜选用低水化热和凝结时间长的水泥品种。粗集料宜采用连续级配,细集料宜采用中砂。宜掺用可降低混凝土早期水化热的外加剂和掺合料,外加剂宜采用缓凝剂、减水剂;掺合料宜采用粉煤灰、粒化高炉矿渣粉等。

②进行配合比设计时,在保证混凝土强度、和易性及坍落度要求的前提下,宜采取改善粗集料级配、提高掺合料和粗集料的含量、低水胶比等措施,减少单方混凝土胶凝材料中的水泥用量。

③大体积混凝土进行配合比设计及质量评定时,可按 60d 龄期的抗压强度控制。

(2)大体积混凝土的施工应提前制订专项施工方案,并应对混凝土采取温度控制措施。大体积混凝土的浇筑、养护和温度控制应符合下列规定:

①施工前应根据原材料、配合比、环境条件、施工方案和施工工艺等因素,进行温控设计和温控监测设计,并应在浇筑后按该设计要求对混凝土内部和表面的温度实施监测和控制。对大体积混凝土进行温度控制时,应使其内部最高温度不高于 75℃,内表温差不大于 25℃,混凝

土表面与大气温差不大于20℃。

②大体积混凝土可分层、分块浇筑,分层、分块的尺寸宜根据温控设计的要求及浇筑能力合理确定;当结构尺寸相对较小或能满足温控要求时,可全断面一次浇筑。

③分层浇筑时,在上层混凝土浇筑之前应对下层混凝土的顶面作凿毛处理,且新浇混凝土与下层已浇筑混凝土的温差宜小于20℃,并应采取措施将各层间的浇筑间歇期控制在7d以内。

④分块浇筑时,块与块之间的竖向接缝面应平行于结构物的短边,并应在浇筑完成拆模后按施工缝的要求进行凿毛处理。分块施工所形成的后浇段,应在对大体积混凝土实施温度控制且其温度场趋于稳定后方可浇筑;后浇段宜采用微膨胀混凝土,并应一次浇筑完成。

⑤大体积混凝土的浇筑宜在气温较低时进行,但混凝土的入模温度应不低于5℃;热期施工时,宜采取措施降低混凝土的入模温度,且其入模温度宜不高于28℃。

⑥大体积混凝土的温度控制宜按照"内降外保"的原则,对混凝土内部采取设置冷却水管通循环水冷却,对混凝土外部采取覆盖蓄热或蓄水保温等措施进行。在混凝土内部通水降温时,进出口水的温差宜小于或等于10℃,且水温与内部混凝土的温差宜不大于20℃,降温速率宜不大于2℃/d;利用冷却水管中排出的降温用水在混凝土顶面蓄水保温养护时养护水温度与混凝土表面温度的差值应不大于15℃。

⑦大体积混凝土采用硅酸盐水泥或普通硅酸盐水泥时,其浇筑后的养护时间宜不少于14d,采用其他品种水泥时宜不少于21d。在寒冷天气或遇气温骤降天气时浇筑的混凝土,除应对其外部加强覆盖保温外,尚宜适当延长养护时间。

7.5　0号块施工

7.5.1　0号块施工应按照监理工程师审批的专项施工方案进行,采用托架法施工时,托架设计荷载应考虑混凝土自重、模板托架重量、人群机具重量、倾倒混凝土荷载、振捣混凝土荷载及风荷载等,同时应具备较高的强度、刚度和稳定性。常规托架设计有墩身预埋钢板焊接法、装配式三角托架法。

7.5.2　托架主要材料包括常规H型钢、高强螺栓、精轧螺纹钢、钢板及其他辅助材料。材料进场使用前,施工单位应进行自检,自检合格后报监理工程师进行检查验收,验收合格后方可投入使用。

7.5.3　托架安装完成后应进行预压,用以消除托架的非弹性形变,预压时间通常为24h,预压可采用砂袋法、水袋(箱)法、混凝土预制块法,当采用砂袋法预压时,需对砂袋进行防渗水措施。预压荷载取1.1倍混凝土重量,宜4级进行加载预压。预压应经详细计算后采取正确合理的压载方式,防止超载预压。

7.5.4 在静载过程中,要安排专人对托架各部位变形进行观察,发现异常情况时应立即停止相关作业,及时撤离现场作业人员。

7.5.5 加载过程中,用电子精密水准仪观测加载前的端部和中部高程并做好详细记录。加载到第 1 级后,待 1h 后对各高程观测点进行第 2 次测量并做好详细的测量记录。加载到第 2 级后,待 1h 后对各高程观测点进行第 3 次测量并做好详细的测量记录。加载到第 3 级后,待 1h 后对各高程观测点进行第 4 次测量并做好详细的测量记录。最后加载到设计荷载的 110% 时,立即进行第 5 次测量并做好详细的观测记录,随后每 2h 观测一次,12h 以后每 4h 观测一次,当沉降无增加值(变形稳定),即 24h 范围内无沉降增加即视其预压稳定,即可进行卸载作业。

7.5.6 卸载到设计荷载的 25%、50%、75% 时要对各观测点进行测量,做好详细的测量记录,荷载全部卸载后,对托架端部和中部高程进行最后一次高程点测量,以确定托架的非弹性变形值。根据加载前后以及卸载后测量的数据,确定托架的非弹性变形量,建立线形关系模型,为立模高程的确定提供参考依据。

7.5.7 托架预压完成后由监理工程师对拖架进行全面检查验收,签收验收记录表,验收合格后方可进入下一道工序。

7.5.8 当 0 号块高度、混凝土量超过一定方量时,可采取 2 次浇筑成型,第 1 次浇筑位置宜在顶板下方倒角处;当采取 2 次浇筑成型时应对施工缝进行凿毛处理,确保施工缝位置混凝土质量。如采用分次浇筑时,必须控制各次浇筑之间的龄期差,避免过大龄期差对后续施工造成不利影响。

7.6 墩梁临时固结

7.6.1 临时固结应由有资质单位进行专项设计,结合 0 号块支架体系同时设计。

7.6.2 临时固结稳定力矩与倾覆力矩之比应符合设计要求,无要求时,两者之比应不小于 2;临时固结倾覆力矩应根据设计要求进行参数选取,无要求时,应结合施工控制要求合理选取。

7.6.3 临时固结解除过程中应观测各梁段的高程变化,如有异常情况,应立即停止作业,找出原因后方可继续作业。

7.6.4 临时固结解除时机应符合设计要求,设计无规定时,应在全桥合龙完成张拉压浆 48h 之后解除。解除时应根据固结方式采取合适的方法,解除时应平衡对称进行,避免桥梁受力不均。过程中不应损坏墩身、支座垫石、支座及箱梁混凝土。

7.7　悬臂浇筑节段施工

7.7.1　挂篮拼装后应进行全荷载预压试验,预压荷载为最大施工荷载的 1.2 倍,持荷 24h,消除非弹性变形并记录弹性变形曲线。

7.7.2　挂篮最大变形应不大于 15mm。挂篮行走前应解除全部锚固约束,行走同步误差≤10mm;挂篮底板与箱梁底模间间隙应≤2mm,局部超差处应采用钢楔块密贴。挂篮作业平台临边应设双层防护栏杆(高度≥1.2m)。

7.7.3　悬臂梁段混凝土应全断面一次浇筑完成,并应从悬臂端开始,向已完成梁段推进分层浇筑。

7.7.4　悬臂两端混凝土浇筑应对称进行,确保荷载分布均匀,浇筑过程中应从本次浇筑混凝土的任一批次取料制作不少于 3 组 150mm×150mm×150mm 的立方体同条件试块,采用专用的固定支架放置于现场,与刚浇筑完成的节段梁进行同条件进行养护。箱梁顶面收光抹面应掌握好时间,控制好收面质量,确保浇筑完成的箱梁顶面平整度质量。

7.7.5　混凝土浇筑高程控制应通过设置焊接式高程带实施,高程带的设置应符合下列规定:

(1)高程带应采用纵向钢筋对称焊接于顶板钢筋骨架上方,纵向钢筋长度应与节段梁浇筑长度一致。

(2)高程带顶面高程应根据设计文件测设,允许偏差不应超过 ±3mm。

(3)高程带布置数量应结合箱梁设计顶板宽度确定,且每幅箱梁单侧布置不宜少于 2 道,特殊变宽段应根据施工验算增加密度。

7.7.6　桥面横坡控制点应引测至已成型梁段,每节段顶面横坡检测点间距≤2m,横坡偏差≤ ±0.1%,超差时应采用局部调整混凝土浇筑厚度修正。

7.7.7　悬臂施工中的节段梁高程及桥梁线形的测量,应分季节固定测量时段,避开日照辐射或温差剧烈时段,并应符合下列规定:

(1)立模高程、混凝土浇筑后及纵向预应力张拉后应作为关键节点实施测量,测量时间宜与设计基准温度时段一致。

(2)测量数据应进行温度影响修正,修正值应根据环境温度和梁体温度差动态计算。

(3)同一节段施工周期内的测量结果应形成连续记录,用于后续预拱度动态调整。

7.8　边跨现浇段施工

7.8.1　边跨现浇段施工前应充分调查其所处的地理环境,根据调查的情况对专项施工方案再次核定,按审查论证的专项施工方案实施。因现浇段所处的地理环境差异导致施工方案变更的,应对专项施工方案进行相应的修改,并按照有关程序组织专家论证后报监理工程师审批。

7.8.2 根据现浇段所处的地质情况确定地基处理形式,常规地基处理有扩大基础整体硬化、条形基础、桩基钢管桩等,处理后的地基承载力应满足设计要求,周边应做好临时排水设施。涉及临崖位置四周应做好安全防护措施,涉及河道位置应在钢管处采用黄漆标记好水位刻度线,做好防冲刷及防船舶撞击措施;涉及上跨道路地段应做好相应的交通提示、引导及相应防撞措施,夜间应设置爆闪灯装置。

7.8.3 支架设计宜委托具备相应资质单位进行专项设计,支架形式可根据现场地形地貌确定,常规形式有满堂支架、钢管＋贝雷片支架。设计荷载时应考虑混凝土自重、模板支架重量、人群机具重量、倾倒混凝土荷载、振捣混凝土荷载、风荷载及雪荷载等。

7.8.4 搭设支架的材料进场施工前施工单位应进行自检,自检合格后报监理工程师检查验收,验收合格后方可进入下一道工序施工。

7.8.5 支架搭设完成后应进行预压,用以消除支架的非弹性形变。预压时间通常为24h,预压可采用砂袋法、水袋(箱)法、混凝土预制块法,当采用砂袋法预压时,需对砂袋进行防渗水措施。预压荷载宜取 1.1～1.2 倍混凝土重量,宜采用 4 级进行加载预压。

7.8.6 在静载过程中,要安排专人对支架各部位变形情况进行观察,发现异常情况时应立即停止相关作业,及时撤离现场作业人员。

7.8.7 加载过程中,用电子精密水准仪观测加载前的各观测点的高程并做好详细记录。加载到第 1 级后,待 1h 后对各高程观测点进行第 2 次测量并做好详细的测量记录。加载到第 2 级后,待 1h 后对各高程观测点进行第 3 次测量并做好详细的测量记录。加载到第 3 级后,待 1h 后对各高程观测点进行第 4 次测量并做好详细的测量记录。最后加载到设计荷载的110% 时,立即进行第 5 次测量并做好详细的观测记录,随后每 2h 观测一次,12h 以后每 4h 观测一次,当沉降无增加值(变形稳定),即 24h 范围内无沉降增加即视其预压稳定,即可进行卸载作业。

7.8.8 卸载到设计荷载的 25%、50%、75% 时要对各观测点进行测量,做好详细的测量记录,荷载全部卸载后,对支架各个观测点进行最后一次高程点测量,以确定支架的非弹性变形值,根据加载前后以及卸载后测量的数据,确定支架的非弹性变形量,建立线形关系模型,为立模高程的确定提供参考依据。

7.8.9 支架预压完成后,由监理工程师对支架进行全面检查验收,签收验收记录表,验收合格后方可进入下一道工序。

7.8.10 支座安装前,施工单位应对支座的规格、型号进行自检,自检合格后报监理工程师检查验收,验收合格后方可进行支座安装。支座安装完成后应重点检查支座表面四角平面高差、支座中心线顺桥向误差、支座中心线横桥向误差、支座板十字线扭转偏差。

7.8.11 支架拆除时间,必须控制在混凝土强度达100%、预应力张拉并压浆完成后的24h以上。支架拆除应遵循先支后拆的原则,常规做法是先拆除悬臂部分,再从跨中开始向两边对称、均匀、有序地进行。支架卸落时要有专人指挥,确保现场作业人员的安全。拆除后的支架材料不能及时运走时,应分类堆放、码放整齐。

7.8.12 针对边跨现浇段无支架施工,在利用改造后的挂篮支撑于过渡墩施工或过渡墩两侧设置托架时,挂篮承载安全系数≥2.0,与过渡墩采用可靠的连接措施。

7.9 合龙和体系转换

7.9.1 应制定合龙施工方案,明确合龙段顺序,常规合龙顺序为先边跨后中跨,由监控单位计算确定配重荷载、水平顶推荷载、支座临时约束解除时机及临时锁定时机,明确采用何种方式(吊架、挂篮)进行合龙。

7.9.2 合龙段施工应根据季节选择在当天气温最低时刻进行,合龙段施工前一周连续对已浇筑完成节段梁的应力、线形进行监测。浇筑前24h对施工当天的气温、已浇筑完成节段梁的应力、线形进行监测。劲性骨架按设计要求设置,宜采用外置式,在劲性骨架锁定之前,配重应按施工方案全部配重到位,劲性骨架锁定施工应进行高程测量及温度监测,锁定应快速高效、保质保量。

7.9.3 为有效消除合龙段集中应力对混凝土造成的拉应力,确保合龙段施工质量,防止合龙段出现大规模纵向裂缝,可会同设计考虑在合龙段底板、顶板底部增加防裂钢筋网片、采用纤维类混凝土等防治措施。

7.9.4 为保证施工过程中荷载始终处于平衡状态,配重卸载应与混凝土浇筑同步进行。

7.9.5 浇筑完成后应对合龙段的高程、成桥线形及应力进行通测,确定成桥线形、应力状态是否符合设计要求。

7.9.6 采用水平推力调整连续刚构桥内力时,应提供相关专项设计方案,明确推力值、施加位置、顶推顺序及预应力张拉协同控制要求。分级对称施加推力,单级增量不宜超过设计值的25%,两侧推力偏差应控制在±5%以内;实时监测主梁轴线偏移、墩顶位移及关键截面应力。

7.9.7 对预应力混凝土连续梁,合龙后在规定的时间内尽快拆除墩梁临时固结装置,按设计规定的程序完成体系转换和支座反力调整。

7.9.8 体系转换应逐步进行,避免荷载突然转移。体系转换过程中应实时监测桥梁的变形和应力,必要时调整施工方案。体系转换后,应检查桥梁的整体线形和支座状态是否符合设计要求。

7.10　预应力张拉

7.10.1　一般要求

(1)预应力筋加工安装应符合现行《公路桥涵施工技术规范》(JTG/T 3650)的规定,由多根钢丝或钢绞线组成且当采取整束穿入孔道内时应预先编束,应将钢丝或钢绞线逐根理顺,防止其缠绕,并应每隔1~1.5m捆绑一次,使其绑扎牢固、顺直。

(2)预应力张拉之前,宜选择至少两个不同类型的孔道进行摩阻测试,通过测试所确定的 μ 值和 k 值用于对设计张拉控制应力的修正。摩阻损失的测试方法按现行《公路桥涵施工技术规范》(JTG/T 3650)附录 G 的规定执行。

(3)预应力张拉时,结构或构件混凝土的强度、弹性模量(或龄期)应符合设计规定,并结合弹性模量试验数据对预应力张拉龄期要求进行严格控制。设计未规定时,混凝土的强度应不低于设计强度等级值的80%,弹性模量应不低于混凝土 28d 弹性模量的80%,当采用混凝土龄期代替弹性模量控制时应不少于 5d。

(4)预应力张拉控制要以应力控制为主,伸长量为校核。张拉控制力及伸长量指标应按设计要求进行,张拉数据(张拉力、张拉时间、伸长量)应实时上传到物联网平台。

(5)张拉前,应对钢绞线、锚具、夹具及连接器的安装质量进行逐一检查,重点检查钢绞线表面是否存有裂纹、断丝、滑丝情况,检查锚具、夹具及连接器的安装位置是否准确,锚下混凝土的密实情况等。

(6)预应力筋在张拉控制应力达到稳定后方可锚固。对夹片式锚具,锚固后夹片顶面应平齐,其相互间的错位宜不大于2mm,且露出锚具外的长度应不大于4mm。锚固完毕并经检验确认合格后方可切割端头多余的预应力筋,切割时应采用砂轮锯,严禁采用电弧进行切割,同时不得损伤锚具。切割后预应力筋的外露长度应不小于30mm,且应不小于1.5倍预应力筋直径。锚具应采用封端混凝土保护,当需长期外露时,应采取防止锈蚀的措施。

(7)预应力束张拉顺序按设计要求进行,一般张拉顺序为:纵向预应力束→横向预应力束→竖向预应力束,竖向预应力束滞后2个节段张拉,以箱梁中心线为准朝两端均匀对称张拉。

7.10.2　纵向预应力张拉

(1)箱梁混凝土强度达到设计文件要求以后,即可开始张拉纵向预应力钢束。纵向预应力筋采用高强度低松弛钢绞线,锚下控制力按设计要求进行。施工时千斤顶实际张拉力应根据锚口摩阻力测定值进行修正。边跨及中跨合龙束张拉按先长后短的顺序进行。

（2）纵向预应力张拉应注意以下几点：

①张拉时要保持平稳、分级施加预应力，并注意观察控制应力及伸长量，张拉最后一级时持荷 10min。

②要求两端同步施加预应力和控制伸长量。当两端伸长量相差较大时，应查找原因，纠正后再张拉。

③在张拉开始前用小吨位千斤顶在两端分别进行松动张拉，使钢绞线在管道内平行顺直且滑动自由，确保大吨位群锚各钢束钢绞线受力均匀。

④预应力筋断丝及滑移的数量不得超过表7-3中的控制数。当张拉束中有一根或多根钢丝产生滑移时，应及时分析原因，并退出全部夹片全部重新张拉，若钢绞线刻痕较大时，应将此钢束全部更换。

后张预应力筋断丝、滑移限制　　　　　　　表7-3

类别	检查项目	控制数
钢丝束、钢绞线束	每束钢丝断丝或滑丝	1 根
	每束钢绞线断丝或滑丝	1 丝
	每个断面断丝之和不超过该断面钢丝总数的百分比	1%
螺纹钢筋	断筋或滑移	不容许

⑤张拉后发现夹片破碎或滑移时，应在换夹片后再进行张拉。张拉回缩量大于设计规定值时，亦应重新张拉。

⑥当实际伸长量与理论计算伸长量相差超过规范要求时，应查找原因。

7.10.3　横向预应力张拉

（1）锚下控制力按设计要求进行。

（2）以张拉力和伸长量进行双控，以张拉应力为主控。

（3）张拉按设计张拉力的 10%、20%、100% 分级张拉，最后持荷 5min。

7.10.4　竖向预应力张拉

（1）竖向预应力采用单端张拉，张拉端设在箱梁腹板顶部，锚固端设在箱梁底部。

（2）竖向预应力安装：将预应力钢绞线和波纹管以及固定端锚具（PT 锚）在桥面上配套组装成一个整体，在钢筋绑扎过程中安装组装好的竖向预应力筋，并用定位钢筋固定预应力筋。在固定端预留压浆孔（箱梁底板位置），在张拉端预留排气孔（箱梁顶板处），张拉端预留张拉槽口，锚下控制力按设计要求进行。

（3）竖向预应力张拉：当混凝土强度达到设计强度的 90%，弹性模量不小于 28d 弹性模量的 80% 时，方可进行竖向预应力张拉。宜采用"$n-2$"滞后张拉方式进行（"n"代表已浇筑完成节段梁编号),即待 2 号块施工完后张拉 0 号块竖向预应力。竖向预应力采用低回缩二次张拉锚固系统,第一次竖向预应力张拉滞后 2 个节段张拉,二次张拉应在第一张拉完成后的 48h 内进行张拉。第一次张拉按照夹片式锚具通用张拉施工方法整束张拉并锚固。第一次以张拉力和伸长量进行双控,以张拉应力为主控,第二次张拉实测伸长量允许偏差量为 ±10%。

7.10.5　张拉注意事项

(1)施加预应力之前,施工现场的准备工作及结构或构件需达到的要求应符合下列规定:

①施工现场已具备经批准的张拉顺序、张拉程序和施工作业指导书,经培训掌握预应力施工知识和正确操作的施工人员,以及能保证操作人员和设备安全的防护措施。

②锚具安装正确,结构或构件混凝土已达到要求的强度和弹性模量(或龄期)。

(2)对预应力筋施加预应力时,应符合下列规定:

①千斤顶安装时,工具锚应与前端的工作锚对正,工具锚和工作锚之间的各根预应力筋不得错位、扭绞。实施张拉时,千斤顶与预应力筋、锚具的中心线应位于同一轴线上。

②预应力筋的张拉顺序和张拉控制应力应符合设计规定。当施工中需要对预应力筋实施超张拉或计入锚圈口预应力损失时,可比设计规定提高 5%,但在任何情况下不得超过设计规定的最大张拉控制应力。

(3)对钢绞线、锚具、夹片质量进行严格检查,对不合格产品严禁使用。

(4)应根据实际情况选用标准的限位板,限位板尺寸以钢绞线无滑丝和划伤、只有夹片牙痕为标准。

(5)张拉设备设专人保管使用,并定期检验、标定、维护;锚具应保持干净并不得有油污。

(6)预应力张拉严格按施工图提供的顺序进行。

(7)每次锚具安装好后必须及时张拉,以防其在张拉前生锈。

(8)当两束或两束以上钢束的位置相互影响张拉时,必须征求设计单位及监理工程师的同意方可适当挪动钢绞线束位置或加大槽口的深度。

(9)张拉前,检查锚具锥孔与夹片之间、锚垫板喇叭口内有无杂物。

(10)应在桥面上铺设塑料薄膜后,再摆设张拉设备,防止液压油污染桥面。

(11)预应力张拉必须均衡、对称,每次张拉必须在有现场技术员、监理工程师在场的情况下进行,应有完整的张拉记录。

(12)实施张拉时,应使千斤顶的张拉作用线与预应力束的轴线重合一致。当张拉束中有一根或多根钢绞线产生滑移,应停止张拉,查明原因,若满足设计要求,可采用整束超张拉(不超过规范允许值);否则,须退出全部夹片重新张拉,若钢绞线刻痕严重,应换束。

(13)张拉采用双控法,即以张拉力为标准,以伸长量作校核。实际伸长量与理论伸长量

差值要控制在 ±6% 以内,每个截面断丝率不大于该截面钢丝总数的 1%,且不允许整根钢绞线被拉断或滑移。另外,张拉后,发现有夹片破碎时,应换夹片后,再行张拉。

(14)张拉作业时对钢绞线要采取相应保护措施,严禁电焊打火。

7.11 孔道压浆与封锚

7.11.1 一般要求

(1)预应力筋张拉锚固后,孔道应在 48h 内完成压浆作业,不能及时压浆作业的应采取避免预应力筋锈蚀的措施。预应力孔道压浆应采用真空压浆设备。采用专用压浆料或专用压浆剂配制的浆液进行压浆,所用原材料应符合现行《公路桥涵施工技术规范》(JTG/T 3650)的规定。

(2)孔道压浆前应做好以下准备工作:

①应在工地试验室对压浆材料加水进行试配验证,各种材料的称量(均以质量计)应精确到 ±1%。经试配的浆液其各项性能指标均符合施工规范要求后方可用于正式压浆。水灰比宜控制在 0.26 ~ 0.28 以内。3d 龄期强度 ≥20MPa,7d 龄期强度 ≥40MPa,28d 龄期强度 ≥60MPa。

②应对孔道进行清洁处理。金属和塑料管道在必要时亦应冲洗清除附着于孔道内壁的有害材料。对孔道内可能存在的油污等,可采用已知对预应力筋和管道无腐蚀作用的中性洗涤剂或皂液,用水稀释后进行冲洗,冲洗后,应使用不含油的压缩空气将孔道内的所有积水吹出。

③应对压浆设备进行清洗,清洗后的设备内不应有残渣和积水。压浆设备的性能应符合现行《公路桥涵施工技术规范》(JTG/T 3650)的规定。

(3)压浆时,对曲线孔道和竖向孔道应从最低点的压浆孔压入;对水平直线孔道可从任意一端的压浆孔压入;对结构或构件中以上下分层设置的孔道,应按先下层后上层的顺序进行压浆。同一孔道的压浆应连续进行,一次完成。压浆应缓慢、均匀地进行,不得中断,并应将所有最高点的排气孔依次打开和关闭,使孔道内排气通畅。水平或曲线孔道,压浆的压力宜为 0.5 ~ 0.7MPa;对超长孔道,最大压力宜不超过 1.0MPa,当超过时可采用分段的方式进行压浆;对竖向孔道,压浆的压力宜为 0.3 ~ 0.4MPa。压浆的充盈度应以达到孔道另一端饱满且排气孔排出与规定流动度相同的水泥浆为止。关闭出浆口后,宜保持一个不小于 0.5MPa 的稳压期,该稳压期的保持时间宜为 3 ~ 5min。

(4)浆液自拌制完成至压入孔道的延续时间宜不超过 40min,且在使用前和压注过程中应连续搅拌,对因延迟使用所致流动度降低的水泥浆,不得通过额外加水增加其流动度。

(5)压浆施工时,每一工作班应制作留取不少于 3 组尺寸为 70.7mm × 70.7mm × 70.7mm

的立方体试件,标准养护28d,进行抗压强度和抗折强度试验,作为质量评定的依据。

(6)压浆过程中及压浆后48h内,当结构或构件混凝土的温度及环境温度低于5℃时,应采取相应的保温措施,并应按冬期施工的要求处理,浆体中可适量掺用引气剂,但不得掺用防冻剂。当环境温度高于35℃时,压浆宜在夜间进行。压浆结束后,立即用高压水对箱梁被污染的表面进行冲洗,防止遗漏的浮浆黏结,影响混凝土的外观质量。

7.11.2 压浆质量控制要求

(1)预应力筋张拉后,孔道压浆应在48h内完成,否则应采取措施,确保预应力筋不出现锈蚀。

(2)浆体稠度宜控制在10~17s之间。

(3)在预应力筋张拉完成后,立即用等强度混凝土材料进行封锚,以免冒浆而损失灌浆压力,封锚时应留排气孔,封锚胶达到一定强度后方可进行压浆作业。

(4)进、出浆口应用阀门止浆回流,不得使用木塞或弯折进、出浆口管道的办法进行止浆。

(5)压浆前必须储备足够浆液,低速储浆罐的储浆体积应满足所要浇筑预应力管道的体积,以确保压浆的连续进行。

7.11.3 封锚

(1)为提高结构的耐久性,封锚前对锚具进行防锈蚀处理,并按设计要求设置封端钢筋网,设计未规定时,网格规格尺寸宜采用10cm×10cm。利用锚垫板上安装螺孔,拧入带弯钩的螺栓,使封端钢筋与之绑扎,形成钢筋骨架。

(2)封锚混凝土强度应满足设计要求,设计未规定时应不低于C40。

8 质量通病预防

8.1　保护层厚度不达标

8.1.1　钢筋混凝土施工时,应设置足够数量的保护垫块,保证厚度,固定牢固。

8.1.2　钢筋混凝土结构钢筋较密集时,要选配适当粒径的粗集料,以免粗集料粒径过大卡在钢筋处,普通混凝土难以浇筑时,可采用细石混凝土。

8.1.3　混凝土振捣时严禁振动钢筋,防止钢筋变形位移,在钢筋密集处,可采用带刀片的振捣棒进行振捣。

8.1.4　确保钢筋间距均匀,防止局部混凝土浇筑不均匀的现象。可通过钢筋胎架等措施控制钢筋位置,确保混凝土浇筑后能均匀填充各个部位。

8.2　混凝土质量不稳定

8.2.1　原材料按照设计要求进行严格的进场检验,确保其质量符合要求。进场时,重点检查水泥、粗细集料、外加剂、钢筋等相关合格证明和质量检测报告。进场后,对原材料质量进行定期抽检,确保其符合国家及行业标准。

8.2.2　根据节梁段的位置、工程量,配备合理的机械设备、运输吊装工具及作业人员,并有应对突发意外情况的应急预案。

8.2.3　按照季节、气象条件选择合理的混凝土配合比及合适的浇筑、养生、张拉工艺。

8.2.4　混凝土浇筑应遵守"由前往后,两腹向中对称浇筑"的基本施工顺序。两腹板对称同时浇筑,然后浇筑中间部位的底板;浇筑顶板及翼板混凝土时,应从两侧向中央推进,以防产生裂缝。

8.3　合龙段施工线形与设计不符

8.3.1　按照设计要求,正确制定合龙段施工顺序。

8.3.2　临时锁定合龙段两端。

8.3.3　做好合龙段混凝土浇筑前的准备工作。

8.3.4　做好合龙段混凝土的浇筑和养护工作。

8.3.5　按设计要求及时完成结构体系转换。

8.3.6　对于连续梁桥,应按监控指令要求,及时完成支座处临时约束的解除工作。

8.4 裂缝问题

8.4.1 常见裂缝

(1)设计时,除了按有关规范进行主应力计算外,还要对各种应力,尤其是局部应力的可能分布状态要有足够的定性分析和进行必要的定量分析。以便优化调整箱梁截面尺寸,合理布置预应力束;对预应力钢束锚固端两侧的危险截面应加以验算。

(2)布置适量的普通钢筋,以提高箱梁结构局部区域的抗裂性能,增加构件的局部强度,取用合理的技术经济指标。

(3)精细化施工,充分考虑施工中的各种不利因素,对施工方法、材料强度及预应力张拉工艺等需要有可靠的保证,做到符合设计要求。

(4)对工程中出现的裂缝应作详细的调查,进行科学的分析。必要时还应进行有关试验和测试,对症下药。采取相应的对策,以确保结构的强度、安全性和耐久性。

8.4.2 箱梁顶、底板纵向裂缝

(1)改进混凝土的配置,优化降低混凝土收缩变形的材料配合比。其中包括水泥用量、水灰比、外加剂等。

(2)采取技术措施,确保预应力钢束的波纹管的保护层厚度。

(3)对底板构造钢筋和底板预应力钢束的间距采取合理布置。

(4)挂篮在箱梁底板采取有效的锚固措施,避免应力集中,且混凝土的龄期及强度应符合设计规定。

(5)加强对箱梁底板混凝土外表面的养护。

(6)适当延长混凝土的张拉龄期。

8.4.3 箱梁腹板斜向裂缝

(1)施工工况、工艺流程必须与设计相符。如有变更应立即与设计单位联系,核算无误后方可施工。

(2)混凝土未到龄期和强度,不得拆模。

(3)施工时严格控制施工荷载,不得有超载或有不同于设计工况的集中荷载。

(4)确保混凝土的保护层厚度及其质量。

(5)监控单位宜根据实际施工临时荷载,建立节段施工局部模型对施工阶段结构局部应力进行评估,优化施工工序。

8.5 预应力筋问题

8.5.1 伸长量超出允许偏差值

(1)预应力筋在使用前必须按实测的弹性模量和截面积修正计算。对于长索超标,应考虑提高伸长量扣除比值到20%~30%,以减小非线性变形的影响。

(2)正确量得预应力筋的引伸量,按计算的引伸量误差修正伸长量。

(3)确保波纹管的定位准确。

(4)若实际发生的摩阻力偏大,预应力钢束张拉后的实测值相差较大,此时应会同设计、施工、监理等参建方进行讨论,如有需要可考虑使用备用孔道增加预应力钢束。

8.5.2 预应力筋的断丝和滑丝

(1)穿束前,预应力钢束必须按技术规程进行梳理编束,并正确绑扎。

(2)张拉前,对锚具与夹片需要按规范要求进行检验,特别对夹片的硬度一定要进行测定,不合格的予以更换。

(3)张拉时,锚具、夹具、千斤顶的安装要准确。

(4)当预应力钢束张拉到一定吨位时,如发现油压回落,再加油压又回落,这时有可能发生断丝,若出现上述情况,需及时更换预应力钢束。

(5)焊接时严禁利用预应力筋作为接地线,也不允许电焊烧伤波纹管与预应力筋。

(6)张拉前必须对预应力筋进行清理,如发生预应力筋锈蚀应重新更换。

8.5.3 预应力筋延伸率偏差过大

(1)每批预应力筋应复验,并按实际弹性模量修正计算伸长量。

(2)校正预应力孔道的线形。

(3)按照预应锚具力筋的长度和管道摩阻力确定合适的初应力值和超张拉值。

(4)检查和预应力筋有无滑丝和断丝。

(5)校核测力系统和表具。

8.5.4 预应力损失过大

(1)检查预应力筋的实际松弛率,张拉钢索时应采用张拉力和引伸量双控制。事先校正测力系统,包括表具。

（2）锚具滑丝失效，应及时进行更换。

（3）钢束断丝率超限，应将锚具、预应力筋更换。

（4）锚具下混凝土局部破坏，应将预应力释放后，用环氧混凝土或高强度混凝土补强后重新张拉。

（5）改进钢束孔道施工工艺，使孔道线形符合设计要求，必要时可采用减磨剂。

（6）必要时应对预应力损失影响进行分析评估，经设计、监控单位同意后启动备用索。

8.6 锚夹具、连接器问题

8.6.1 锚夹具碎裂

（1）加强对锚夹具的出厂前和工地检验，锚夹具的技术要求应符合我国国家标准《预应力筋用锚具、夹具和连接器》（GB/T 14370—2015）类锚具的要求。有缺欠、隐患或热处理后质量不稳定的产品一律不得使用。

（2）立即更换有裂缝和已碎裂的锚具，同时对同批量的锚夹具进行逐个检查，确认合格后才能继续使用。

8.6.2 锚垫板位置不正

（1）锚垫板安装应仔细对中，垫板面应与应力索的力线垂直。

（2）锚垫板要固定牢靠，确保在混凝土浇筑过程中不会移动。

8.6.3 锚下混凝土变形开裂

（1）锚板、锚垫板必须有足够的厚度以保证其刚度。锚垫板下应布置足够的钢筋，以使钢筋混凝土足以承受因张拉力而产生的力。

（2）浇筑混凝土时应特别注意在锚头区的混凝土施工质量，因在该处钢筋较为密集，混凝土的粗集料粒径较大，较难进入浇筑区，只有混凝土浆液能进入浇筑区，会严重影响混凝土强度。施工时须加强振捣，可采用人工手持钢筋插捣辅助小型插入式振捣棒进行振捣。

8.7 预应力管道问题

8.7.1 管道线形与设计偏差较大

（1）要按设计线形准确放样，并用井字形钢筋按规定固定管道的空间位置，再用细铁丝绑扎牢固。曲线及接头处井字形钢筋应该加密。

(2)浇筑混凝土时要注意保护管道,不得踩压,不得将振捣棒靠在管道上振捣。

(3)应有防止管道上浮的措施。

8.7.2　管道漏浆堵管

(1)使用波纹管作为索管的,管材必须具备足够的承压强度和刚度,有破损的管材不得使用。波纹管连接应根据其号数,选用配套的波纹管。连接应采用热熔工艺进行,必要时可采用防水包布将接头缝隙封闭严密。

(2)浇筑混凝土时应保护预应力管道,不得碰伤、挤压、踩踏。发现破损应立即修补。

(3)开始浇筑混凝土后,在其初凝前,应用通孔器检查并不时拉动疏通;如采用预置预应力束的措施,则应时时拉动预应力束。在混凝土浇筑结束后再进行一次通孔检查,如发现堵孔,应及时疏通。

(4)确认堵孔严重无法疏通的,应设法查准堵孔的位置,凿开该处混凝土疏通孔道。

(5)如不能采用凿开混凝土的办法恢复堵孔的预应力孔道而不得不将其废弃时,则可启用备用预应力管道或与设计商量采用其他补救措施。

8.7.3　预应力孔道压浆不密实

(1)孔道在灌浆前应以高压水冲洗,除去杂物,疏通和润湿整个管道。

(2)配置高质量的浆液,浆液应具有良好的流动速度并不易离析,可掺入适量的减水剂和微膨胀剂,但不得掺入对管道和钢束有腐蚀作用的外掺剂,掺量和配方应经试验确定。

(3)管道及排气口应通畅,压浆时应从低处往高处压(参考压力0.3~0.5MPa),待高端孔眼冒溢浓浆后,堵住排气口持荷(0.5~0.6MPa)继续加压,待泌水流干后再塞住孔口。

(4)压浆后,应通过检查孔抽查压浆的密实情况,如有不实,应及时进行补压浆处理。

(5)孔道压浆完成过程中应对出浆时间进行记录,对出浆浆体的质量进行试验检测,确保浆体质量符合要求。

8.8　顶面平整度问题

8.8.1　根据箱梁设计宽度、顶面高程,在顶板钢筋骨架上对称焊接等同节段梁浇筑长度的纵向钢筋作为高程带,控制混凝土浇筑高程。高程带的数量应根据箱梁设计宽度并结合现场实际情况确定。

8.8.2　顶面平整度受抹面收浆质量影响,应严格控制抹平收浆工艺,确保顶面平整度达到设计要求。建议采用激光整平机、无人机整平等先进设备,确保整体面层平整且无坑洼。掌握好收光抹面时间,实行收面作业 2 遍制,根据现场气温,在混凝土振捣完成后及时进行第 1 次粗收面作业,最后在混凝土初凝前几分钟进行第 2 次精收面作业。加强竖向预应力预留槽口周边混凝土细部的收面作业,保证箱梁顶面平整度施工质量。

9 施工监控监测管理

9.1 各参建单位责任工作划分

施工监控工作是一个精细化、专业化的技术工作,它涉及建设、设计、施工、监理和监控等参建单位,在项目实施的过程中,项目参建各方需要紧密配合、相互协作。为确保监控工作顺利开展,需明确参建各方工作内容,各方按照工作内容落实到位,各方的主要责任工作划分如下。

9.1.1 建设单位

(1)定期召开各方协调会,协调解决施工监控工作中存在的问题。

(2)督促各参建单位履行各自的职责,对各方的工作质量进行考核。

(3)对监控单位提交的监控总报告进行审核。

9.1.2 设计单位

(1)提供结构计算数据文件、图纸、各控制工况结构内力状况和线形。

(2)对于关键工况及有较大调整时会签监控项目组签发的控制指令单。

(3)对监控单位布设测点的合理性提出意见,根据监控数据判断其是否属于受控状态,当超出允许误差控制范围时,应及时与监控单位协调,查明原因,出具设计意见,抄送各参建单位。

9.1.3 施工单位

(1)根据监理工程师批准的施工组织设计和分阶段工作计划,制订各工序详细的计划安排和施工方案,并及时将施工进度情况通知监理单位,由监理单位通知监控单位到现场开展监控工作,如变更原施工方案,应提前7天通知参建各方。

(2)为监控单位提供现场监测的便利条件和必要的安全保护措施,并做好对现场预埋的各种监测元件的保护工作,具体保护内容以监理指令为准。发现监测元件损坏时应及时报告监理单位,由监理办通知监控单位到场进行修复或更换。如因施工原因造成的损坏应予以修复及赔偿。

(3)控制截面所在位置混凝土浇筑前应通知监控单位到场预埋传感器。

(4)对监控单位的测量数据进行校核并提供建议,参与监控方案调整的讨论。

9.1.4 监理单位

(1)向监控单位提供经批准的施工组织设计、施工方案和各工序时间计划表,并根据施工进度情况及时通知监控单位到现场进行监控前的相关准备。

（2）对施工单位提供的原始数据和其他自检数据进行监理检查，现场检查其质量，监督其对监控单位埋设的监控元件进行有效保护。

（3）对监控单位的指令进行必要的校核，对其监控工作如监控元件预埋位置、数量、监控方法和数据进行监理。

（4）对监控结果进行签收，对施工单位提供的各项数据进行签认。

（5）参与监控方案的审查和重大技术方案的决策。

9.1.5　监控单位

（1）在项目现场成立监控管理中心，负责监控方案的编制并组织方案审查，按评审通过的方案对桥梁施工进行全面有效的监测和监控。

（2）施工过程中进行结构监测和必要的测试。

（3）识别设计参数误差，并进行有效预测。

（4）发生重大修正及时通报参建各方，并会同设计、监理、施工单位提出调整方案，并报建设单位批准。

（5）及时向建设单位提交中间监控过程资料及监控月报，工程结束后根据合同规定向建设单位提交施工监控总体执行报告。

9.2　监控工作管理方法

9.2.1　总体思路

（1）施工监控管理的总体工作思路是建立以建设单位为主导，监控管理中心实施全线整体监控管理，监理、监控单位分标段监管，施工单位为施工实施主体的组织管理体系。健全以精细化管理为主线、以技术标准化和整治不规范施工行为为主要内容的质量保证体系，维护并保证施工监控的准确性、可靠性和稳定性，协调与督促施工、监理、监控单位按相关规范要求完成全线的工作。

（2）监控工作的主体包括建设、监控、监理和施工单位。其中，建设单位主要负责对监控工作提出总体要求，并实施垂直管理；监控单位负责项目建设期间的整体监控管理；监理单位负责对施工单位的作业程序实施过程监管；施工单位应以监控单位下发的监控指令进行施工。监控单位建立健全的施工监控组织管理体系，并持续保持该体系科学、规范、高效、顺畅地运行，理顺监控单位与建设、监理和施工单位之间的关系，使信息、文件、指令传递畅通无阻、及时有效，从而为监控工作提供强有力的组织保证。

9.2.2 工作目标

(1)在建设单位的主导下,以监控管理中心为主线,全面实施全桥整体监控管理,借助完整的监控控制组织体系和质量保证体系,运用科学、合理、先进和信息化的技术和管理方法,维护并保证建设期间各参建单位对特殊桥梁(斜拉桥、悬索桥、刚构桥、拱桥)监控基准的统一性、准确性、可靠性和稳定性。协调、监督、管理和规范各参建单位的工作,为确保建设目标的实现提供有力的支持。

(2)确保特殊桥梁(斜拉桥、悬索桥、刚构桥、拱桥)在施工期间的线形、应力、施工精度均符合设计要求。

9.2.3 主要任务

(1)协调、监督和管理各参建单位的施工监控工作,统一和规范各施工单位的施工行为及监控成果,确保各标段工程的精确、高效和安全施工,实现全线工程的精确贯通。

(2)完成特殊桥梁施工期间全过程、复杂的、带全局性的关键性监控管理工作。

(3)负责对各施工单位、监理单位提供监控技术指导和培训,研究和解决施工过程中的关键性技术难题。

(4)制定相关监控标准、规定、制度和细则,构建适用于监控项目的施工监控标准体系。

9.2.4 工作内容

(1)施工监控基准与体系的建立和维护

根据监控项目特点,依照"先整体后局部,先控制后施工""分级布设、逐级监控"的原则,建立统一的、准确的施工监控基准体系,并在项目建设过程中保持稳定,为确保工程施工的质量提供持续可靠的技术支持。

(2)工程关键点的精确定位及重要施工部位的监控

根据监控项目的特点和难点,必须对关键工程的关键部位进行精确定位及平行性监控监测,制定专项监控监测方案,必要时可聘请相关专家到场进行指导。

(3)施工监控监测管理

①监控管理中心加大对施工的监控管理力度,把握重点,攻克难点,从全局上对施工监控工作实施有效的监控管理,确保施工监控成果的精度和质量。监控管理中心参与施工单位编制的特殊桥梁施工技术方案的审查,定期对施工单位进行监控技术交底和指导。

②监控管理中心宜采用无线自动化监测与测试技术,应用信息化数据管理平台实现施工控制与预警,提高监控的工作效率和技术水平。

10 试验检测管理

10.0.1　悬臂浇筑施工完成后,应根据公路工程竣(交)工验收办法与实施细则的规定对悬臂浇筑梁实体进行全过程检测工作。

10.0.2　实体检测内容主要包括:混凝土强度、结构断面尺寸、钢筋保护层厚度、顶面平整度、预应力张拉力及压浆密实度。

10.0.3　外观检查主要包括:箱梁线形是否平顺;悬臂浇筑各节段梁之间接缝是否平顺、有无漏浆、有无明显错台现象,混凝土色泽是否一致;混凝土表面有无蜂窝麻面、破损、锈蚀、剥落等现象;混凝土表面是否出现裂缝、结构是否存在空洞或钢筋外露;预应力张拉端封锚处混凝土是否实度等。

10.0.4　通过检测检查,客观评价工程质量是否符合相关的技术标准及设计要求,掌握工程全面的质量现状,为进一步提高后续施工质量管理提供有效的数据支撑。

11 内业资料管理

11.0.1 内业资料表格可采用工程属地行业主管部门要求的公路工程施工统一用表。书写要按照现行《公路工程质量检验评定标准 第一册 土建工程》(JTG F80/1)的有关规定进行。

11.0.2 内业资料收集整理要及时,内容应真实、完整,书写字迹应工整,不能出现随意涂改现象。

11.0.3 施工原始记录、现场质量检验报告单等原始资料均应手工填写。

11.0.4 现场质量检验报告单中的检查情况应填写实测值。

11.0.5 应建立数字化管理平台,利用云存储和云计算技术,确保数据实时同步和共享,实现内业资料的数字化管理。

11.0.6 应制定标准化的文档模板,如施工日志、检验报告、验收记录等,确保数据格式一致。为各类资料设定唯一编码,便于分类、检索和归档。

11.0.7 应采用传感器和智能设备自动实时采集现场施工数据,提升数据采集效率。

附录

附录 1

悬臂浇筑施工0号块混凝土浇筑工序许可

分项工程名称：　　　　　　　　　　　　施工桩号：　　　　　　　　　　编号：　　　　　号墩：

序号	鉴认项目	检查内容	施工单位		监理单位			备注
			自检结果	检查人	验收结果	验收人	日期	
1	支(托)架设计及加工	(1)施工单位编制支托架设计计算书及设计方案,并报监理单位和项目管理机构审核通过后方可实施;(2)生产厂家有相应资质,并提供产品合格证(如有)						
2	地基处理(如有)	(1)落地支架已进行地基处理,承载力满足相应的设计要求;(2)地基处理过程,监理单位、施工单位、设计单位设计人员纳入正式工程的管理、监控程序,保留相应的质量证明文件						
3	支(托)架安装	(1)严格按照批准的设计方案施工,进场的构配件,满足设计文件的要求及相应的质量标准;(2)拼装程序,安装偏差符合规范要求;(3)检查托架预留孔,确保其预埋准确;(4)现浇支架各个受力部件,确保现浇支架的受力系统完整及每个受力构件处于正确受力状态						
4	支(托)架预压	(1)施工单位须编制预压专项技术方案,报监理单位及项目管理机构审核通过;(2)按照方案要求,对支托架进行了预压;(3)施工单位根据监控监测数据形监据对底模的高程进行了调整						
5	支座安装(如有)	(1)支座的型号符合设计要求,安装牢固;(2)支座上下各部件纵横向对中,根据安装时的温度,合理设置纵横向支座上下部件预偏量;(3)支座安装位置经检查符合设计及规范要求						
6	临时固结体系设置(如有)	(1)墩顶梁段按设计要求与桥墩临时结或支撑牢固;(2)临时支座有足够的承压面积和承载能力,必须满足原设计图纸内给定的中支点处最大不平衡弯矩和相应竖向反力要求						
7	其他事项	(1)跨铁路、公路、通航河道作业时,已与相关主管单位签收施工安全协议,并按规定设置安全防护设施和警示标志;(2)跨越电气化营业线铁路施工时,挂篮防电安全措施的专业防电施工单位已经落实,相关协议已经签收						
	签发情况	经检查,该有关项目自检符合要求,请予验收。 申请人:(施工单位负责人) 年　月　日			经核查验收,符合要求,同意0号块混凝土浇筑施工。 签发人:　(总监) 年　月　日			

施工单位:　　　　　　　　　　　　　　　　　　　　　　　监理单位:

附录 2

悬臂浇筑施工挂篮预压工序许可

分项工程名称：　　　　　幅别：　　　　　施工桩号：　　　　　编号：　　　　　号墩号节段

序号	鉴认项目	检查内容	施工单位		监理单位		日期	备注
			自检结果	检查人	验收结果	验收人		
1	挂篮设计及制造	施工单位委托有资质的单位、厂家进行挂篮设计和建造，设计计算书、合格证书等证明文件规范、有效；属租赁使用的，租赁厂家具备相应资质，租赁文件齐全、有效，双方职责明确，操作性强，受力主桁架结构符合设计要求，锚固及悬吊系统在挂篮行走、施工时抗倾覆稳定系数不小于2。挂篮篮体重量符合设计要求，T构两侧挂篮施工不平衡重量不超过设计允许值						
2	挂篮安装	各配件的规格、型号、尺寸和数量符合设计要求，构件无破损和锈蚀，表面无缺陷，构件和专用工具备齐；未对螺栓孔随意进行切割扩孔，无利用吊杆进行电焊，所有吊杆使用双螺母锁紧，吊杆端头伸出螺母不少于5cm的长度，吊杆配套使用的整体搭板强度、厚度满足要求；挂篮拼装对称，挂篮上增加的设施满足挂篮整体稳定性，不得损坏挂篮结构及超过设计重量的10%。挂篮的安装和安装后的检查、调试均应由设备制造厂家派出专业技术人员全程跟踪指导						
3	挂篮预压专项方案	施工单位已编制预压专项方案，明确加载材料、单件重量，堆置高度与范围，监测方式、评定方法等内容，并经监理单位、项目管理机构审批；挂篮预压应在0号块上拼装完毕后进行						
4	安全防护措施	操作平台设置有安全网和防护栏杆；作业平台间宜设置专用爬梯或通道进行连通；对人进行了安全教育和技术交底；各种安全防护用品已配置到位						
5	线形监控	监控方案已制订、审批；施工、监理、设计单位建立相应的监控项目组；根据监控方案，监控人员、仪器、设备已进场；对预压的各项监控措施已落实						
签发情况		经检查，该有关项目自检符合要求，请予验收。 申请人：(施工单位项目负责人) 　　　　　　　　　年　　月　　日			经核查验收，符合要求，同意挂篮进行预压。 签发人：（总监） 　　　　　　年　　月　　日			

施工单位：　　　　　　　　　　　　　　　　　　　　　　监理单位：

附录 3

悬臂浇筑施工节段梁混凝土浇筑工序许可

分项工程名称：　　　　　　　　　　编号：

幅别：　　　　　　　　　　　　　　施工节段：　号节段

施工桩号：

序号	鉴认项目	检查内容	施工单位		监理单位		日期	备注
			自检结果	检查人	验收结果	验收人		
1	预应力工程	进行了管道摩阻试验,有张拉力调整报告;预应力孔道安装经验收合格;前一节段纵向、竖向、横向预应力已按要求进行了张拉、压浆						
2	主桁架及锚固情况检查	主桁架及联结件焊缝经检查无异常;连接螺栓、螺母、销无松动、缺失;后端锚固的吊杆保持顺直,无倾斜,受力不均现象,未使用焊接的吊杆;无对螺栓孔随意进行切割或扩孔的现象,无利用吊杆进行电焊,搭火现象;所有吊杆使用双螺母锁紧,吊杆端头伸出螺母不少于5cm的长度,精轧用吊螺纹钢筋配套使用的垫圈强度、厚度满足要求						
3	模板安装检查	模板支撑系统稳固可靠,支撑点设置合理;模板结合处牢固连接,表面无损坏、变形或污染;模板安装后已进行检验,确保浇筑过程中横板不发生脱落或变形情况,接缝处严密无漏浆现象						
4	线形控制	节段线形控制各项措施已落实;线形监控预告-施工量测-识别-修正-预告的循环过程进行操控						
5	其他	钢筋、模板、预应力管道安装等经验收合格;混凝土配合比经过审批,各种材料检验合格,混凝土供应有保障,浇筑机械设备就位等条件均落实						
鉴发情况		经检查,该有关项目自检符合要求,请予验收。 申请人:(施工单位项目负责人)　　年　月　日			经核查验收,符合要求,同意悬臂段混凝土浇筑施工。 签发人:(总监)　　年　月　日			

施工单位：　　　　　　　　　　　　监理单位：

附录 4

悬臂浇筑施工合龙段混凝土浇筑工序许可

分项工程名称：　　　　　　　　　　　幅别：　　　　　　　施工桩号：　　　　　编号：　　　　　边（中）跨

序号	鉴认项目	检查内容	施工单位		监理单位			备注
			自检结果	检查人	验收结果	验收人	日期	
1	锁定及配重方案	施工单位已制定合龙锁定、配重的实施方案，并按程序报监理单位和项目管理机构审批						
2	锁定	合龙段长度、合龙施工顺序、合龙口临时锁定方法应符合设计要求；合龙段混凝土浇筑前应将合龙口单侧梁墩的临时固结约束解除，并应尽快速浇筑合龙段混凝土；反力座位置准确，高程与箱梁底腹板内侧，设置在靠近箱梁腹板内侧，上下、左右对称。刚性支撑安装平行，高程一致，刚性支撑锁定在温度变化幅度最小的时间内区间内，全桥对称，均衡同步锁定						
3	配重	预加配重在混凝土浇筑过程中按等量换重的方式逐步解除；调整龙口悬臂高差所加配重在合龙段预应力筋张拉完毕后拆除。悬臂施工在距合龙口 2～3 个梁段时，对合龙口两侧悬臂段的中线及高程进行联测观控，偏差控制在允许范围内						
4	合龙时机的选择	合龙段混凝土应在一天中气温最低时间快速、连续浇筑，以使混凝土在升温环境中凝固。合龙段浇筑前，对悬臂断面进行 48h 连续观测，观测气温与高程变化，合龙段长度变化，以确定合龙时间和方式						
5	临时固结体系解除	待混凝土强度、弹性模量达到设计规定值，且温度场符合设计要求时，方可进行临时固结解除作业；解除顺序应严格按设计文件或专项方案执行，分级、对称、同步释放临时固结约束，对主梁高程、轴线偏移及临时支撑反力进行实时监测；解除过程中应留存记录及影像数据，形成专项验收报告并归档						
6	其他	合龙段模板、钢筋、预应力管道、预埋件等均验收合格						
	签发情况	经检查，该有关项目自检符合要求，请予验收。 申请人：(施工单位自检项目负责人) 年　月　日		经核查验收，符合要求，同意合龙段混凝土浇筑施工。 签发人：(总监) 年　月　日				

施工单位：　　　　　　　　　　　　　　　　　　　　　　　监理单位：

附表 5

悬臂浇筑施工边跨现浇段混凝土浇筑工序许可

分项工程名称：　　　　　　　　　　　　　　　　　　　编号：　号墩 ~ 　号墩

幅别：　　　　　　施工桩号：

序号	鉴认项目	检查内容	施工单位		监理单位			备注
			自检结果	检查人	验收结果	验收人	日期	
1	支(托)架设计方案	施工单位已编制专项设计方案及托架架设计计算书,并作为专项施工方案附录报监理单位和项目管理机构审批						
2	地基处理	支架基础已进行地基处理,承载力满足相应的设计要求;地基处理过程中,施工单位、监理单位、设计单位按程序旁站监控,并有相应的质量证明文件						
3	支(托)架安装	严格按照批准的设计方案施工,进场的构配件,满足设计文件的要求及相应的质量标准;排装程序、安装偏差符合规范要求,检查现浇支架各个受力部件,确保现浇支架的受力系统完整及每个受力构件处于正确受力状态						
4	支托架预压	施工单位已编制预压专项技术方案,明确加载材料、单件重量、堆置高度与范围,监测方式、评定方法等内容,报监理和项目管理机构审批通过;按预压方案对底模高程进行了调整,对支托架进行了预压;施工单位按预压的结果对底模高程进行了调整						
5	支座安装	支座的型号符合设计要求,安装牢固,支座上下各部件纵横向对中,根据安装时温度,合理设置纵横向支座上下部件预偏差;支座安装位置经检查符合设计及规范要求						
6	其他	边跨现浇段模板、钢筋、预应力管道、预埋件等均验收合格						
	鉴发情况	经检查,该有关项目自检符合要求,请予验收。 申请人：(施工单位项目负责人) 　　　　　　　　　　年　月　日	经核查验收,符合要求,同意边跨现浇段混凝土浇筑施工。 签发人：(总监) 　　　　　　　年　月　日					

施工单位：　　　　　　　　　　　　　　　　　　　　　　　监理单位：